탐정학의 이론과 실제

국내1호 탐정이 안내하는 한국 탐정의 기본 입문서

Theory and Practice of Detective Studies

탐정학의 이론과 실제

임병수 · 김도연 지음

서문

2020년 8월 '신용정보 보호에 관한 법률'의 개정으로 그동안 불법으로 치부되었던 '탐정'이란 용어를 사용하게 되고 탐정 학사 학위 과정도 생겨났다.

용어를 쓰든, 못쓰든, 묵묵히 조사 서비스 활동을 해왔던 탐정들에게 기쁜 소식이었다.

그러나 아직도 대한민국은 탐정을 관리 감독할 주무 부처도 없고, 근거 법률도 제정되지 않은 상태이다.

현재 대한민국의 탐정 시장은 더욱 커지고 고도화 조짐을 보이고 있다.

아직도 가야 할 길은 멀지만, 탐정으로서의 20년 노하우를 나누는 것으로 대한민국 탐정 시장에 작은 씨앗의 역할을 하고자 본서를 집필하였다.

이 책은 국내 탐정 시장의 건강한 발전을 도모하고 법적, 윤리적 이정

표를 제시하고 있다.

먼저 탐정의 정확한 개념과 국내외 탐정의 기원, 현황, 업무, 자격 등을 소개하고 탐정의 자질과 역할을 설명하였다.

특히 탐정의 조사 활동에 관한 자세한 안내와 탐정 실무 8단계 프로세스를 통해 탐정 업무의 실제를 친절하게 안내하고 있다.

끝으로 탐정으로서 반드시 지켜야 하는 관련 법률을 수록, 전문 탐정으로 성장하도록 돕고 있다.

이 책은 탐정학을 공부하는 학생들에게는 탐정학의 교과서로, 현직의 탐정들에게는 실제적 도움을 주는 지침서가 될 것이다.

미흡하나마 국내의 건전한 탐정 산업이 뿌리내리는데 도움이 되기를 소망하며 관련학계의 학자들, 문화 컨텐츠 개발에 종사하는 분들과도 함께 나누고자 한다.

목차

서문   4

1장 탐정

1. 탐정의 정의   13
2. 탐정의 기원   14
3. 탐정의 업무   16
4. 탐정과 수사관의 차이   19

2장 탐정의 역할과 자질

1. 탐정의 역할   25
2. 탐정 윤리와 자질   27
    1) 보안의식   27
    2) 윤리의식   29
    3) 홍익인간   30

3장 범죄 심리

1. 범죄 발생에 대한 관점   38
    1) 생물학적 발생론   39
    2) 심리학적 발생론   41
    3) 사회학적 발생론   45

2. 범죄자의 심리 특성   47

4장 외국의 탐정

1. 미국 54
2. 영국 59
3. 호주 63
4. 독일 66
5. 프랑스 69
6. 일본 73

5장 한국의 탐정

1. 한국 탐정제도의 발전사 81
2. 탐정 제도 정착을 위한 다양한 시도 82

6장 탐정의 조사활동

1. **정보** 89
   1) 정보의 개념 89
   2) 정보의 의미와 가치 93
   3) 첩보와 정보의 구분 96
   4) 정보의 순환 과정 97

2. **관찰** 99
   1) 관찰의 개념 99
   2) 관찰의 중요성 99
   3) 관찰 기술 100
   4) 관찰의 원칙 101

3. **감시** 101
   1) 감시의 개념 101
   2) 감시 목적 102
   3) 감시 준비 102
   4) 감시 방법 103

4. 잠복   104
    1) 잠복의 개념   104
    2) 잠복의 종류   105
    3) 잠복 시 유의 사항   106

5. 미행   107
    1) 미행의 개념   107
    2) 미행의 종류   108
    3) 미행 방법 및 유의 사항   109

6. 탐문   111
    1) 탐문의 개념   111
    2) 탐문의 종류   112
    3) 탐문자의 자세   113
    4) 탐문의 특성   114
    5) 탐문의 준비   115
    6) 탐문 시 유의 사항   117

7. 조사   120
    1) 조사의 개념   120
    2) 조사의 초기 단계   120
    3) 조사 활동의 한계   123

7장 탐정실무 8단계 프로세스

1. 의뢰인 미팅   127
2. 정보 수집   134
3. 조사 기획   135
4. 조사 착수   137
5. 채증 및 사실 확인 조사   138
6. 정보 전달   139

7. 법률 컨설팅		140
8. 정보 폐기		140

8장 탐정업 관련 법률

1. 관련 기본법   148
  1) 헌법   148
  2) 민법 및 민사소송법   149
  3) 형법 및 형사소송법   152

2. 탐정업 활동과 관련법   156
  1) 개인정보 보호 관련 법률   156
  2) 신용정보의 이용 및 보호에 관한 법률   183
  3) 위치정보의 보호 및 이용 등에 관한 법률   189
  4) 통신비밀보호법   192
  5) 정보통신망 이용촉진 및 정보보호 등에 관한 법률   199
  6) 공공기관의 정보공개에 관한 법률   210
  7) 주민등록법   220

참고문헌   227

THE ORY AND
PRACTICE OF
DETECTIVE STUDIES

1장

탐정

1. 탐정의 정의	13
2. 탐정의 기원	14
3. 탐정의 업무	16
4. 탐정과 수사관의 차이	19

1.
탐정의 정의

탐정의 사전적 의미는 '드러나지 않은 사정을 몰래 살펴 알아냄. 또는 그런 일을 하는 사람'을 말한다.

과거에는 염탐꾼, 전쟁 중에는 밀정이나 스파이, 간첩, 세작 등으로 불리기도 했다. 탐정소설이 대두되면서 현재는 소설에 등장하는 사립 탐정, 즉 사사로이 탐정의 일을 하는 사람을 탐정으로 이해하고 있다.

탐정이라는 말은 일본에서 영어의 Detective 또는 Private Investigator를 번안해 사용한 것이다. 영어의 Detective는 국가공무원의 경우 '형사'를, 민간인의 경우 '탐정'을 의미한다.

우리나라의 경우 그동안 일본의 '탐정'이라는 용어를 채택하여 사용하였으나 현재는 탐정, 사립탐정, 민간정보조사원, 민간조사관, 민간조사원 등의 명칭이 혼재되어 사용되고 있다. 익숙하게 들어온 탐정이나 사립탐정이라는 용어를 두고 민간정보조사원, 민간조사관, 민간조사원의 명칭을 사용한 이유는 먼저, 사설기관으로서 부정적 이미지를 제공한 흥신소를 탐정으로 혼동하는 일반 사람들의 오해를 불식시킬 필요와 신용정보법에서 탐정이라는 명칭을 금지해왔기 때문이다.

입법안에 탐정 명칭과 관련한 것은 1999년 하순봉 의원의 '공인탐정', 2005년 이후, 여러 의원에 의해 민간조사원이나 민간조사관 등의 명칭이 반영되었다. 이에 탐정과 관련한 업체 및 단체에서는 탐정을 민간조사원이라는 명칭으로 바꿔서 사용하기도 한다.

그러나 경비업법 시행령, 한국표준산업분류 등에서 '경비 경호 및 탐정업'과 '탐정 및 조사 서비스업'의 산업 분류를 볼 수 있으며 이외에 기획재정부, 국세청 등에서도 탐정이라는 표현을 사용하고 있다. 따라서 민간조사원이라는 생경한 용어로 불필요한 혼란이 발생하는 것을 염두에 두고 본서는 일반인들에게 친근한 '탐정'이라는 용어를 사용하고자 한다.

2.
탐정의 기원

타인으로부터 드러나지 않은 일이나 사건 등을 추적하여 알아내도록 의뢰된 일을 일련의 수수료를 받아 역할을 수행하는 탐정업의 시작은 영국이 최초라고 보고 있다.

　영국의 경우 공적 활동보다 민간 활동이 먼저 존재하고 공공 안녕의 유지책임이 경찰이 아닌 각 마을의 집단 안전 체제에 있었다. 즉 상인의 재산 범죄 발생에서 처벌보다는 재산 회수를 위한 사람을 고용한 것이 탐정업의 태동이라 하겠다.

　프랑스의 경우는 범죄자가 갇혀있던 감방 죄수의 고백을 당국에 알리고 경찰 정보원으로 발탁한 것을 계기로 사설정보조직으로 활동한 것이 프랑스 탐정업의 발단이 되었다.

　미국의 경우는 세계 최초의 탐정 기업(Pinkerton National Detective Agency)의 창설이 사익 보호와 치안에도 크게 기여한다는 사회적인 공감을 얻어 확산하기 시작했다.

　일본의 경우 탐정업 업무와 관련된 법률을 통해 정의된 합법화를 통해 시작되었다.

　이와 같은 세계 각국의 탐정업은 초창기에는 개인의 단순한 행적 탐문이나 분실 물건 찾기 등이 주를 이었으나 오늘날의 탐정업은 사적 피해 구제뿐만 아니라 치안의 보완으로도 활용의 가치를 가진다.

　우리나라의 경우에도 탐정의 직업화를 위한 노력과 함께 다양한 문화 콘텐츠를 통한 탐정 문화 인식의 저변을 넓히고 있다.

3. 탐정의 업무

1) 개인의 피해 구제를 위한 주체적 선택지

국민은 공적 또는 사적의 정당한 이익과 권리에 대한 보호를 국가로부터 제공받을 수 있다. 이를 위해 공권력은 다양한 행정적, 실제적 활동으로 보호와 구제에 힘쓰고 있다.

다만 다양하고 교묘해진 불법적 범죄 행위들로 인해 개인은 사적인 영역에서 피해를 봐도 실질적으로 피해 구제를 위해 손 내밀 곳이 없는 현실과 마주하게 된다.

예를 들면 개인이 자신의 채권 회수나 불륜 사건에 대한 유리한 정보 수집을 절실하게 요구하지만, 국가 기관의 도움을 받기에는 한계가 있다.

즉, 공권력이 개입할 수 없거나 한계를 가진 영역에 대한 피해자로서의 개인은 스스로 구제책을 마련해야 한다. 따라서 이러한 영역에 대한 민간인 또는 민간기업의 도움이 필요하며 전문화된 탐정의 등장은 중요한 서비스 대안이 될 수 있다.

2) 개인의 안전에 대한 요구 충족

치안 서비스에 대한 국민의 질적 요구는 커지고 있으나 국가의 공적 치안 조직은 이러한 기대에 부응하기에는 역부족이다.

가령 성인 실종자나 가출한 청소년과 미아를 찾는 경우 현실적으로는 수사기관의 적극적 수사를 기대하기 어렵다. 이는 경찰의 과도한 업무와 인력난, 기타 예산의 부족 등의 어려움 등으로 볼 수 있고 이를 위해 경찰은 법 집행을, 민간기관은 치안 서비스를 제공하는 것이 세계적인 경향이다. 다시 말해 민간 경찰기관으로써의 전문화된 서비스를 탐정업에서 제공한다고 볼 수 있는 것이다.

우리나라도 개인의 치안 서비스에 대한 수요를 인정하고 개인의 요구에 대한 정부와 민간의 위탁 및 협력적 관계를 치안에 활용한다면 국민의 재산 보호와 사회적 질서유지에 많은 도움이 될 것이다.

3) 해외 도피 사범에 관한 수사 활동 조력

해외로 도피한 범죄자의 경우 경찰 수사권 부재로 경찰은 범죄자의 체포 등이 사실 불가능하다.

우리나라의 경우 1964년 인터폴에 가입하였으나 인터폴은 국제조약이 아닌 임의조직이므로 강제 수사권이나 체포권을 가지고 있지 않다. 또한 외국 범죄인 추방제도가 없는 국가로 도피한 범죄자는 수사기관에서 수사조차 할 수 없고 해당국의 공조수사를 기대하기는 더욱 어렵다. 해외로 도피한 범죄자에 대한 수사는 국내 탐정 유사 업체, 외국 탐정 회사의 국내 지사 등에 의뢰하는 실정이다.

따라서 공적 탐정 제도를 하루빨리 정착시켜 배타적 속지주의 수사권 독점으로 인한 국제 형사 공조의 한계를 극복할 필요가 있다.

4) 자국 기업의 보호

오늘날 세계 각국은 자국의 산업을 보호하기 위해 전력을 다하고 있으며 경쟁국의 산업 기밀과 전문 인력 스카우트 등을 위해 국가 간 산업스파이를 이용하기도 한다.

우리나라는 IMF 이후 해외자본이 유치되며 기업 간 M&A가 이루어지던서 국내 첨단산업 분야의 치열한 정보 전쟁에 노출된 것이 사실이다. 우리나라는 1997년 OECD에 가입하며 외국의 민간 경비업과 탐정업 기업들이 국내에 컨설팅업으로 진출하여 사실상 탐정업을 하고 있다. 이러한 탐정업체는 자국과 자국 기업을 위해 우리나라의 기업 정보를 수집하는 활동을 하고 있다.

다국적 기업에 속한 사설정보업체나 탐정업체의 우리나라 기업에 대한 탐색 활동이 계속 늘고 있으므로 국내 기업의 핵심기술이 유출될 위험이 크다. 따라서 우리나라도 탐정 제도를 적극 육성한다면 다국적 기업의 정보 수집에 대응하는 것은 물론 국내 기업을 보호하고 피해 방지에 도움이 될 것이다.

5) 전문 영역의 조사 업무

현대사회에서 전문화된 영역의 분쟁은 늘어나고 있다. 이러한 분쟁에는 관련분야의 정보 수집을 위한 전문적 지식이 요구된다.

앞서 기술한 기업의 경우뿐만 아니라 부동산 영역, 의료 영역, 보험 영역, 법률 영역, 사이버 영역, 회계 영역, 지식재산권 등이 이에 해당한다.

이러한 전문 분야에 대한 수사기관이나 국가기관의 정보 수집 한계를 보완하기 위해 전문성을 갖춘 탐정을 양성하고 이들에게 일정한 권한을 부여함으로써 전문 영역 조사 업무의 실효성이 증대될 수 있다.

4. 탐정과 수사관의 차이

탐정은 의뢰인의 의뢰를 통해 보수를 받고 의뢰인의 요구와 관련한 조사 활동 및 사실관계 확인과 관련 정보 등을 수집하여 그 결과를 의뢰인에게 제공하는 사람이며 이러한 업을 탐정업으로 정의할 수 있다.

그러나 탐정은 범죄와 관련된 수사 및 사건 처리는 할 수 없는 민간인

기다. 범죄의 수사 및 사건 처리는 국가기관의 수사기관에서 개시하게 된다.

수사는 형사사건에 대해 범죄사실의 조사와 범인 검거와 관련된 활동을 말한다. 그러므로 탐정과 수사기관인 검찰 및 경찰과의 역할 차이를 확인하는 것은 중요하다.

수사기관의 수사는 법에 규정된 법률효과가 발생한다. 법률효과란 법률요건에 의거, 법률상 생기는 효과이다. 탐정은 의뢰인에게 요구받은 조사와 정보 수집 활동을 수행하는 것으로 활동 수행 행위에 대해 어떠한 법적 효과도 부여되지 않는다는 차이를 가진다.

증거의 사용에 있어서는 수사기관이 수사에 의해 얻은 증거들은 다른 국가기관이나 일반인도 소송의 증거자료로 활용할 수 있으나 탐정에 의해 얻은 정보는 특별 사유가 없는 한 의뢰자에게만 사용권이 인정된다.

업무의 공개 여부에 있어서는 수사기관의 수사는 특수범죄를 제외하고 공개하는 것이 원칙이나 탐정의 활동은 업무 특성상 비공개를 원칙으로 한다.

수사기관의 수사는 형사사건을 전제로 하며 영장이 있는 경우, 체포, 구속, 압수수색 할 수 있고 불응할 경우 제재할 수 있다. 탐정은 민사, 형사 사건의 제약을 받지 않는다. 조사 활동은 강제 처분권이 인정되지 않으므로 조사 대상자가 협조하지 않을 수 있다.

궁극적으로 수사기관은 권력적, 비권력적 수단을 통해 법치주의의 실현과 공공의 안녕 및 질서에 대한 위험을 방지하고 형사소송법의 목적을 실현하며 개인의 권익 도모에 기여하는 것이라고 볼 수 있다.

반면 탐정의 활동은 비권력적 수단으로서 임의적인 활동을 통해 의뢰인(개인)의 권익 실현과 사회적 이익을 도모하는 것으로 볼 수 있다.

THEORY AND PRACTICE OF DETECTIVE STUDIES

2장

탐정의 역할과 자질

1. 탐정의 역할   25
2. 탐정 윤리와 자질   27

1. 탐정의 역할

사회의 다양한 범죄 발생은 개인과 기업을 가리지 않고 일어나고 있으며 수사기관이 이러한 문제를 모두 해결할 수 없다는 점과 미해결 되는 점, 개인정보의 2차 피해 발생을 염려한 범죄 신고 기피 등으로 수사가 이루어지지 않는 점 등을 민간 자원으로 활용할 수 있다는 점에서 탐정 제도 및 종사 인력으로서 탐정은 긍정 자원이라 할 수 있다.

또한 기존의 심부름센터나 흥신소의 일부 불법적 행태를 대체하여 경찰이나 형사사법기관의 기능적 보완과 법률적 서비스에 도움을 줄 수 있다는 점 등 긍정적 측면이 부각되고 있다.

탐정의 역할은 탐문, 관찰, 정보 수집 등으로 사실관계를 확인하는 것이 주요 수단이다. 자료들은 여러 가지 형태로 존재하며 이를 수집하기 위해서는 역할의 확장이 필요하다.

자료는 다양한 형태로 존재하는데 탐문, 미행, 잠복, 관찰, 녹음, 인터넷 검색, 문헌, 신문, 잡지, 단행본, 방송, 유튜브, 민원, 투서, 평판, 풍문, 여론 등이 있다.

그중에서도 상위 주요한 역할을 보면 첫째, 탐문이란 말 그대로 찾아서 묻고 보고 듣는 것이며 사물이나 사건 사실을 자세히 물어 파악하여 알아보는 것이다.

이는 여러 사람의 기억과 행동을 단서로 증거에 활용하는 활동이므로 기억의 재생이나 행동의 동기 포착을 위한 좋은 질문을 제공하는 역할이 필요하다.

둘째, 관찰이란 모아진 자료 단서를 증거에 활용하는 활동으로서 관찰이란 오감의 감각기관뿐만 아니라 여섯 번째의 육감도 포함된다.

분석적 사고의 영역을 넘어 직관으로 통용되는 능력을 말하는데 탐정의 직감 능력은 과학적 사고의 분석적 영역에 매몰되지 않도록 돕는다. 또한 직관으로 표현되는 육감은 경험이 토대가 되는 경험과학의 한 분야로 인정받을 수 있다.

한 건도 똑같은 의뢰가 있을 수 없는 현장에서 활동 중인 탐정이라면 이를 위해 틀에 얽매이지 않는 개방성과 민감성 및 조망하는 자세를 효과적인 탐정의 역할로 보는 데 이견이 있을 수 없다는 것을 알고 있다.

셋째, 질문을 통해 듣거나 들려온 정보를 관찰 활동과 함께 모아 사실관계에 대한 합리적 추리를 해야 한다.

2. 탐정 윤리와 자질

탐정은 자신의 탐정 업무를 수행하는 동안 적법성과 정당성을 가지고 헌법상의 개인 사생활 보호와 타인 권익을 침해하지 않아야 한다.

KCI(한국탐정연맹)의 탐정 윤리 강령을 살펴보면 첫째, 탐정으로서 의뢰인의 정보를 생명과 같이 취급한다. 둘째, 법과 원칙을 절대 준수한다. 셋째, 국가와 사회의 공익에 항상 앞장선다. 넷째, 정확한 사실 조사와 정보 전달을 위해 최선을 다한다. 다섯째, 철저한 기업가 정신으로 회사의 명예를 지킨다. 여섯째, 어떠한 상황에서도 보안의식과 윤리의식을 최우선시한다.

즉 경찰과 흥신소와의 차이를 알고 탐정에 대한 직업적 윤리의식을 갖출 것을 요구한다.

1) 보안의식

'보안'의 사전적 의미는 사회의 안녕과 질서를 유지하는 것 즉 안전 유지이다.

 탐정에게 있어 보안의식은 의뢰인의 안녕과 사회의 질서유지를 위한 비밀 엄수의 의무라고 할 수 있다.

 국가는 죄형법정주의에 의하여 특정한 죄에 대해 벌을 내릴 수 있다. 여기에서 형법은 국가가 개인을 처벌하기 위한 법이다. 국가의 수사권을 가진 경찰이나 검찰 등은 개인을 수사하고 기소할 수 있다.

 그러나 민법의 경우, 개인과 개인의 싸움이기 때문에 민사 사건 배제의 법칙에 따라 경찰, 검찰이 수사하지 않는다.

 탐정은 이렇듯 공권력이 개입하지 않는 민사 사건에서 개인이 자신을 보호하고 주장하기 위해 의뢰한 사건의 정보 조사를 하는 것이다.

 마치 학교 선생님이 아닌 자신이 필요로 하는, 자신만을 위한 수업 요청이 가능한 학원 선생님과 같다고 말할 수 있을 것이다.

 국가 공권력의 입장에서 경찰관 직무집행법에 보면 경찰은 국민의 생명과 재산을 지키는 사람이다. 말하자면 공공재인 것이다. 경찰이 특정 개인을 위해 수사를 해주지는 않는다. 즉 공공의 안전과 질서유지를 위해 일하는 것이다.

 반면 탐정은 의뢰인에게 일련의 수임료를 제공받고 원하는 조사 서비스를 제공한다. 이때, 의뢰의 특성상 개인의 사생활이나 밝히고 싶지 않은 사실들이 있을 수 있다. 불법 흥신소들이 알게 된 의뢰인의 지켜져야 할 개인적 정보들을 악용하여 오히려 의뢰인을 압박하거나 협박하는 도구로 사용하는 경우가 있었다.

따라서 이러한 측면에서 의뢰인이 불안해하지 않도록 의뢰인을 지켜주기 위해 조사 업무가 종료된 시점에서는 자료 및 관련 정보를 모두 폐기하는 것이다.

결국 탐정은 의뢰인 보호를 위한 높은 수준의 보안의식이 필요하다. 경찰이나 검찰이 수사 사실을 외부에 알리면 처벌을 받게 되어 있는 것도 이 때문이다. 이를 위해 탐정의 보안의식과 관련된 윤리 서약이나 정기적 교육이 필요하다.

2) 윤리의식

윤리란 사람으로서 마땅히 행하거나 지켜야 할 도리로서 인간 생활의 중요한 덕목이며 누구든 도의적인 책임을 물을 수 있다.

법은 인간의 행위에 대한 결정적 결론을 내릴 때도 관습, 도덕, 양심 등이 기준이 될 수 있다. 사회에서 형성된 관습이 국민 일반에게 법 규범으로써의 확신을 얻은 것으로 규범에 대한 묵시적 계약이 성립한 것이다. 이는 일반적인 사람들의 보편적 정의 안에서 보편적 진리로 인간 도리를 말하는 것과 다름없다.

탐정의 직업적 윤리와 연결하면 탐정의 윤리의식은 반드시 필요한 덕목이다. 만약, 의뢰 사건을 조사하는 과정에서 자신의 직업적 능력대로 보고하지 않고 허위로 보고 하는 경우, 의뢰인과 의뢰 대상자 양측을 혼란하게 하는 정보를 제공하는 경우, 의뢰인에게 금전적 갈취를 하는 경우, 의뢰인을 협박하거나 조종하는 경우 등이 발생할 수도 있기 때문이다. 즉 탐정의 직업적 특수성을 볼 때 탐정은 높은 수준의 윤리의식을 갖추어야 하는 것이다.

3) 홍익인간

홍익인간(弘益人間)은 대한민국의 비공식적인 국시로, "널리 인간 세상을 이롭게 하라" 또는 "모든 사람이 어우러져 행복하게 하라"라는 뜻으로 해석되고 있다.

이러한 홍익인간의 이념을 교육에 적용하면 모든 국민이 배우고 익히며 권리를 행사할 수 있도록 돕는 것이고 복지에 적용하면 취약계층이나 사회적 소수자, 소외계층이 안정된 일상을 누릴 수 있도록 사회적 환경 조성을 위해 힘쓰는 것이라 할 수 있다.

최근 기업들의 ESG(Environmental, Social, Governance : 환경, 사회, 지배구조) 경영은 경영의 필수 요소로 환경위기 극복의 차원을 넘어 자연과 함께하는 착한기업으로 거듭나고 있다. 또는 자선활동이나 기부 등의 공익적 활동의 사회 중시 경영도 홍익인간 이념을 실천하는 같은 맥락으로 볼 수 있다.

이를 탐정업에 적용하면 공적 서비스의 사각지대에서 무기력함을 느끼는 국민을 위해 사적 서비스를 제공함으로써 모두에게 이로운 사회를 만드는 데 공헌하는 것이다.

THEORY AND PRACTICE OF GENDER STUDIES

3장

범죄 심리

1. 범죄 발생에 대한 관점   38
2. 범죄자의 심리 특성   47

3장 범죄 심리

인간은 수많은 사람들과 관계를 맺으며 생활하고 있다. 관계의 중심에는 서로의 의도와 목적이 교차하는 부분이 있으며 이 부분이 원활하게 소통될 때 관계의 질이 높아진다.

가족, 이웃, 회사, 단체, 국가 안에서 인간은 상대방의 의도와 목적을 이해하려는 시도와 더불어 자기 삶에 유리하게 활용하고자 하는 욕구가 있다. 다른 말로 하면 사듯들의 행동에 담겨 있는 마음을 읽을 수 있다는 것은 다양한 영역에서 삶의 만족도를 높인다는 의미가 되는 것이다.

사회의 여러 분야에 적용되는 인간 마음의 원리와 이치를 알고자 하는 노력은 1879년 빌헬름 분트(Wilhelm Wundt)에 의해 실험심리학이라는 말로 소개되었다.

심리학의 영어표기 psychology에서 psych는 그리스어로 '호흡', '숨'을 뜻하며 '마음', '영혼'을 의미한다.

심리학이란 과학적 토더에서 마음의 이치를 연구하여 인간 행동을 예측하고자 하는 학문이다. 즉 심리를 탐색하고 일련의 정보를 수집하여 통계를 통해 법칙과 이론을 형성한 지식체계를 말한다. 인간의 행동에 대한 '왜, 어떻게'라는 질문에 대한 예측을 가능하게 하는 일련의 방법을 찾기 위한 노력이다.

심리학은 인간의 행동에 초점을 둔 실험심리학과 내적 요인에 초점을 둔 정신분석학 등이 전통적 심리학의 중심을 구축했다. 복잡해진 사회만큼이나 사람들은 뉴스에서 수많은 범죄를 접하게 된다.

범죄란 다른 사람을 공격하거나 해침으로써 벌을 받게 되는 지경의 행위를 말한다. 자신의 이익이나 목적을 위해 특별한 대상을 상대로 하는 범죄에서 최근 전혀 관련이 없는 불특정 다수에 대한 범죄도 종종 볼 수 있다.

대체 사람들은 왜 범죄를 저지를까? 또한 어떤 사람들이 범죄를 저지르는 것일까? 이를 심리학적 관점으로 접근하여 범죄를 연구하는 것이 범죄심리학이다.

범죄심리학은 독일의 에빙(Ebing)에 의해 1872년 처음으로 소개되었다. 범죄심리학은 넓은 의미의 범죄심리학과 좁은 의미의 범죄심리학으로 구분되며 넓은 의미의 심리학으로는 재판심리학, 교정심리학, 피해자학이 있다.

재판심리학은 법정, 수사, 현장검증의 심리학을 포함한다. 교정심리학은 범죄자 처우, 출소 후 브호, 지도, 재범 예측과 관계가 있다.

피해자학은 피해자 심리, 가해자 심리 간 상호작용에 초점을 둔다.

좁은 의미의 범죄심리학은 보통 범죄자의 심리, 성격 등을 연구하며 범죄사실을 밝히고 범죄자 성격·행동예측, 재발 방지, 동일한 수법의 전과자 대처에 활용하기 의한 학문이다.

범죄심리학은 범죄 사건에 대한 심리적 분석뿐만 아니라 범죄가 일어나기 전, 범죄를 일으킬 수 있는 사람에 대한 예측을 가능하게 한다.

또한 범죄 직전의 상황, 용의자가 피고인이 되었을 경우, 이와 관련한 범행동기, 범행 과정, 과정의 변화, 피고인 신문, 증언과 감정 등에 활용 가능하다.

범죄자가 수형되면 상담 치료, 교육, 평가에 활용할 수 있으며 전과자의 경우 재범 방지나 범죄 재적용에 관해 연구할 수 있다.

이 장의 범죄 심리에서는 범죄자의 심리적 특성과 범죄 심리와 성격을 알아보고 범죄 발생에 관한 이론으로 사회문화적, 생물학적, 심리학적 발생론을 살펴보고자 한다.

1.
범죄 발생에 대한 관점

최근 발생하는 범죄의 특징으로 불특정 다수를 향한 동기 없는 범죄와 영화나 소설, 범죄와 관련한 뉴스 등의 미디어를 통한 모방범죄가 늘어나는 추세이다.

원한을 품고 상대를 해치는 범행은 예측 가능한 측면이 있으나 전혀 상관없는 상대를 대상으로 일으키는 범죄는 예측할 수 없는 동기를 가지는 경우가 다반사이다.

범행 수법은 잔혹해지고 있으며 점점 엽기적인 형태를 보이므로 범행의 동기를 예측하고 범죄 발생에 미리 대응하는 것이 중요하다. 근본적인 범행 원인과 발생을 이해하기 위한 다양한 관점의 연구가 지속되고 있다.

사람들은 왜 범죄를 저지르는 것일까? 이에 답하기 위한 이론들은 인간의 쾌락 본능과 자유의지에 기초한 인간관을 가진 17, 18세기의 관점과 실제를 증명해 낼 수 있다는 과학주의의 발달에 근거한 이론들로 나누어 볼 수 있다.

과학적 실증주의는 생물학적, 심리학적, 사회학적 이론들의 철학적 토대가 되었다. 범죄 행위와 관련하여 생물학적 이론들은 범죄의 원인을 범죄자의 내부요인에 심리학적 이론들은 범죄자의 내부, 외부 요인의 상호작용에 사회학적 이론들은 외부 요인에 초점을 두고 있다.

발생한 범죄는 사회문화적 측면에서 그 사회의 가치관과 문화적 현상과 직결된다. 사회가 추구하는 가치는 인간 삶에 토대가 되며 사회 구성원으로서 중요한 가치 기준이 된다.

예를 들면 능력주의, 외모지상주의나 황금만능주의, 효율우선주의 등은 가족의 역할, 직장인의 권리와 의무, 성문화, 소수자에 대한 인식 등에 영향을 미치게 된다. 즉 생물학적, 사회문화적, 심리적 요소가 상호작용을 하며 끊임없이 순환하는 과정이 되풀이된다.

이를 염두에 두고 범죄 발생 원인을 설명하고 있는 이론들을 살펴보고자 한다.

1) 생물학적 발생론

인간 행동에 대한 생물학적 접근은 오래전부터 이야기되고 있다. 생물학적 특성을 파악하는 것은 초기에는 인간의 신체적 조건들과 행동의 관계를 규명할 수 있고 예측 가능하다고 보았다.

이후 뇌 과학의 발달과 인간의 인격에 관한 연구들은 생물학적 발생론의 중심이 된다.

먼저, 뇌는 인간의 몸에서 중요한 중추신경이다. 뇌가 몸에서 차지하는 비율은 불과 2%로 작지만, 신체의 대사, 유지, 각성 등을 비롯하여 기억, 언어, 학습, 감정 등 높은 차원의 활동까지 담당하는 생존과 직결된 중요한 기관이다. 뇌는 대뇌, 소뇌, 뇌간(중간뇌, 교뇌, 연수)으로 나누어진다.

대뇌는 뇌의 가장 많은 부분을 차지하며 좌뇌와 우뇌로 구성되어 있다. 좌뇌는 인지, 언어를 담당하고 있으며 우뇌는 감정, 직감 등을 담당하는 것으로 추정한다.

소뇌는 운동 조절 기능을 담당하고 있다. 중간뇌는 얼굴 표정근, 호흡 조절, 감각 및 운동 정보를 중계한다.

연수는 호흡기, 순환기, 소화기관의 운동을 조절하는 자율신경중추가 있다.

인간은 무언가를 결정할 때 자신에게 질문하는데 질문과 답변 각각의 주체에 대한 분리뇌 이론은 1950년 로저 스페리(Roger Sperry)가 제창한 뇌 의학에 기여하게 된다.

범죄 발생 차원에서 보면 좌뇌가 성취 목적과 인식만을 가지고 우뇌의 감정, 예술성, 성찰적 활동 없이 행위를 일으키는 것이다.

전두엽은 대뇌 반구의 중앙 앞쪽에 위치하는 판단하는 뇌이다. 사고력, 판단력과 같은 고도의 정신 작용이 이루어지며 감정적 행동을 통제하는 역할을 하도록 되어 있다.

인간이 다른 동물들과 다른 점도 전두엽의 크기가 다르다는 것이다. 포유류 중 고등동물일수록 잘 발달해 있다. 중범죄자들의 전두엽 크기가 일반 사람들보다 작다는 연구 결과는 이를 뒷받침하는데 설득력이 있다.

뇌에 축적된 중금속이 범죄행위와 상관있다는 연구 결과는 과도한 납과 카드뮴이 뇌를 손상하고 공격성과 관련된 범죄행위를 유발할 수 있다고 보았다.

이 외에 호르몬이 범죄 행동에 영향을 미치며 실제로 성범죄자들에게 약물 투여를 통해 인공 거세 작업을 하고 있다. 최근의 생물학적 연구는 근접 학문으로 관상학, 골상학, 범죄인류학, 유전이론, 신경생리학 등 새로운 범죄생물학적 입장으로 발전하고 있다.

1980년대 이후의 새로운 범죄생물학적 입장은 인간 행동이 유전적 결정이 아닌 유전과 환경과의 상호작용이라는 입장을 가지며 주목받기 시작하였다.

2) 심리학적 발생론

인간 심리의 형성에 관한 학자들의 견해는 다양하지만 크게 생물학적, 정신분석적, 심리 생물학적으로 볼 수 있다.

생물학적 입장의 학자들은 개체의 생리적 특징에 초점을 두고 뇌 과학을 토대로 하는 뇌 신경계 조직의 분석과 뇌의 기질 변화 상태에 주목하였다.

정신분석적 관점은 어린 시절 경험을 개인이 내면에 내재화하는 과정에서 성격이나 인격적 특성을 형성한다고 본다. 범죄의 원인을 개인의 내적 차원에서 찾으려는 점에서 생물학적 관점과 정신분석적 관점은 공통점이 있으나 정신분석적 관점은 인간의 내면에서 찾으려는 것이다.

고전적인 정신분석 이론은 인과론적 사고를 기반으로 한다. 이는 어른의 행위를 과거 어린 시절의 경험이 원인이 된다고 보는 것이다. 어린 시절의 정서적 경험과 주 양육자와의 관계가 성인이 되었을 때 인간관계 패턴을 형성한다고 주장하였다.

또한 인간은 본능적 충동이 있는데 이는 사회의 도덕적 기준을 위배하므로 이를 무의식이라는 저장고에 억압시켜 두는 것으로 설명한다.

인간은 심리적인 불안을 해소하고 자아를 보호하기 위해 방어기제를 사용하며 방어기제로는 억압, 투사, 퇴행, 반동형성, 부인, 내사, 승화 등이 포함된다.

정신분석적 입장에서 범죄는 원초아, 자아, 초자아 간의 심리적 갈등이며 범죄행위는 정신적 질환, 정서적 혼란, 신체장애의 표출과 증후로 본다. 무의식적 동기를 중요하게 여기며 과거 어린 시절 경험의 결과들을 범죄의 결정적 원인으로 보는 것이다.

심리학의 행동주의는 학습과 보상의 메커니즘을 토대로 한다. 파블로프는 개를 통한 실험에서 자극과 반응 사이의 관계에 대한 학습효과를 발견하였다.

조건 자극에 대한 조건 반사의 학습이 이루어지는 데 고전적 조건형성을 말한다. 고전적 조건 형성에 대해 왓슨(John B. Watson)은 인간의 행동을 환경 자극에 대한 학습된 반응으로 정의하였다.

그러나 스키너(B. F. Skinner)는 더 나아가 개체가 상황에 영향을 미치기 위해 일련의 강화나 보상을 예상하여 조작적으로 행동한다는 자발적 조건부이론(operant conditioning principle)을 주장하였다. 이는 제레미 벤덤(Jeremy Bentham)이 공리 주의적 관점에서 인간 행위를 사회적, 심리적, 물질적 보상을 추구한다는 주장과 유사하다.

행동주의 관점에서 범죄 행동은 학습된 것으로 보고 있다. 따라서 행동주의 관점에서 범죄 행동에 대한 예방을 강화하는 것이 무엇인지 파악하고 그 가치를 최소화하는 것으로 본다.

범죄 행동을 설명하기 위한 행동주의적 관점은 고전적 조건형성으로부터 자발적 조건부 이론을 거쳐 사회학자들의 사회적 학습 논리까지 이어졌지만, 초기 동물실험을 인간에게 적용했다는 점에서 행동주의 관점은 논란의 여지가 많다.

인지적 관점에서 피아제(Piaget)는 인간은 자신의 도식으로 세상을 이해할 수 없을 때 불균형이 일어나며 이때 균형을 찾기 위해 조절과 동화를 이용하며 인지적 성장을 이루는 존재라고 주장한다.

인간의 도덕성과 관련하여 살펴보면 피아제가 주장한 전 도덕성 단계, 타율적 도덕성 단계, 자율적 도덕성 단계의 3단계가 있다.

피아제의 이론을 발달시킨 콜버그(Kohlberg)는 도덕적 발달에 대한 인지발달의 중요성을 필수적이라고 보았다. 콜버그의 도덕성 발달 단계는 인습 이전 수준, 인습 수준, 인습 이후 수준으로 각 수준은 2단계로 총 6단계를 가진다.

콜버그의 이론을 촉진하여 구체적 지침을 제공한 리코나(Lickona)는 도덕적 추론 단계로 0단계에서 5단계까지 옳은 기준과 선해야 할 이유로 콜버그의 단계적 지향과 연결하였다.

구체적 단계로는 자기중심적 추리 단계, 무조건의 복종 단계, 이기적 공정성 단계, 타인과의 일치 단계, 사회체제에 대한 책임 단계, 원리화된 양심 단계이다.

이 외에 심리 생물학적 관점은 뇌 과학의 생물학적 관점과 정신분석적 관점의 혼합으로 볼 수 있다. 생리 심리학적 관점에서는 생물학적 관점과 심리학적 요인들을 포함하여 범죄를 설명하고 있다.

심리학과 관련하여 사회심리학적 관점은 사회학과 심리학적 요인들을 혼합하여 범죄행위에 대한 설명을 제공하고 있다.

인간이 속한 사회와 개인의 생물학적 요인들은 인간의 동기와 행동에 큰 영향을 미치고 있으나 실천에 있어서는 심리적 요인이 크다고 볼 수 있으므로 심리학적 발생론은 큰 의미가 있다.

3) 사회학적 발생론

초등학생에게 선생님이 문제를 냈다. 술 취한 사람이 길거리에서 소변을 보고 있는데 이를 네 글자로 뭐라고 할까? 선생님이 기대했던 답은 '노상방뇨'였지만 그 초등학생은 '아버진가?' 라고 대답했다.

인간의 사회적 환경이란 개인을 둘러싸고 있는 거시적, 미시적 환경으로 상황과 여건의 집합을 가리키는데 개인의 성격과 행동양식에 영향을 미친다.

거시적 환경과 미시적 환경은 서로 영향을 주고받으며 상호작용하고 있다. 상호작용을 하는 환경 안에서의 사회 가치관은 개인의 가치관 형성을 좌우하기도 한다.

빈곤, 실업, 고물가 등의 경제적 어려움을 겪는 사회의 구성원들은 일반적 가치 기준의 변화를 맞을 수 있으며 제도, 문화 등 사회 환경 구조 또한 마찬가지이다.

이렇듯 사회적 환경은 인간과 순환적으로 상호작용을 하며 개인의 동기, 욕구, 성취에 중요한 요인이 된다. 즉 사회적 환경 여부에 따라 개인은 사물과 상황에 대한 인식과 대응이 달라질 수 있으므로 범죄 발생의 동기, 범죄행위 유형, 재발 등의 원인을 알 수 있을 것이다. 다만 사회문화적 발생론의 제한점은 유사 환경에 노출된 개인이 모두 같은 비행행위를 하지는 않는다는 점이다.

환경의 자극이 범죄를 유발할 수 있다고 보는 것에는 크게 사회 과정적 관점과 사회구조적 관점의 미시 환경론과 거시 환경론이 있다.

거시 환경론은 사회구조, 경제구조, 문화성 등 광의의 사회구조 환경에 초점을 두는 사회구조적 관점이다. 사회구조적 관점의 한계와 제한적 측면을 비판한 미시환경론은 사회과정적 관점으로 개인을 둘러싼 협의의 환경에서 범죄의 원인이 있다고 보고 있다.

사회과정 이론과 관련하여 사회적 학습이론, 차별적 접촉이론, 예상이론, 차별적 접촉강화이론, 중화기술이론, 사회통제이론, 사회계량기이론의 연구가 이루어지고 있다.

사회구조적관점의 거시환경론과 관련해서는 긴장이론, 하위문화이론 등이 있다.

이밖에 상호 관계 안에서의 상대적 개념으로 불평등이 범죄의 원인이 될 수 있다는 점에서 상대적박탈이론이 있다. 상대적 결핍감은 불공평한 느낌을 주고, 이에 따라 거인의 감정적 상태가 범죄 발생으로 연결될 수 있다고 주장하는 것이다.

부자들만 골라 범죄를 저질렀던 사례들은 이러한 주장에 힘을 실어주기도 한다. 사회 권력이 개인의 태도와 행동 유발에 영향을 미친다는 것을 밝힌 사회 권력적 측면의 실험이 있다.

이는 권력이나 권한이 주어진 개인이 권력 남용과 가혹해지는 성향을 보였고 권력을 가지지 못한 개인은 점차 순종과 복종을 한다고 보고하였다.

더하여 익명의 정체성을 가질 때 공격성을 보이는 개인에 관한 탈개인화 이론이 사회 환경적 발생론을 지지하고 있다. 큰 집단과 군중의 뒤에 숨어 개인의 정체성을 상실한 상태로 자신을 제어, 통제하지 못하며 이성적 사고 능력을 상실하는 것이다.

2.
범죄자의 심리 특성

범죄의 유형 중 성범죄자의 심리적 특성은 부모와의 관계나 대인관계에서 어려움을 보인다. 이들은 낮은 자존감을 보이며 자신감이 결여되어 있다. 타인을 적대시하며 관계 형성에 어려움을 보인다.

특히 어머니와의 관계가 부정적이다. 어머니와의 긍정적 의사소통의 부재는 성범죄와 관련이 있으며 청소년기 부모의 약물중독은 자녀의 성적 일탈로 이어진다고 보고 있다.

어린 시절의 성폭력, 성적 학대 경험, 신체적 학대, 가정폭력 등도 성범죄와 연결되며 이들이 성격장애를 보인다고 한다.

아동 성폭행 범죄자의 경우 어린 시절 성적 학대를 받았을 가능성이 높다고 주장하는 연구가 있으나 또 다른 연구에서는 성범죄자가 다른 범죄자들과 피학대 경험에서 크게 다르지 않다는 주장도 있다.

성범죄자의 성격적 특징으로는 반사회성이 높으며 타인의 감정에 대한 공감 능력이 부족하며 반성하거나 성찰하는 능력이 부족하며 자신의 행위를 숨기는 성향이 있다.

즉 정서적 공감 능력의 결여와 고립이 나타난다. 자기도취적 성향은 피해자에게 자신의 힘을 드러냄으로써 자신이 나약한 존재라는 생각을 지운다.

친절한 여성이나 다정함을 보이는 여성은 자신을 유혹하는 것으로 해석한다. 여성의 의견이나 주장은 적대적으로 받아들인다. 강간범이 피해자가 성관계를 원했고 즐겼다고 주장을 하는 것도 이와 다르지 않다.

정신 분열적 성향은 사회성의 부족, 소외, 빈약한 정서 행위의 특징이 있으며 경계선적인 성향은 타인을 매우 불안정하게 만들고 소유욕을 드러내며 질투하고 의존하게 한다. 직접 부정적 감정을 노출하기보다는 교묘하게 방해하는 수동공격 성향을 보인다.

해리적 성향은 성적 환상에 빠지며 일상에서 성과 관련된 이해하기 어려운 사고와 행동이 많다. 무엇보다 성범죄자의 성에 대한 왜곡된 인식은 자신의 행위를 정당화하는 요인으로 성범죄를 지속하게 하는 데 중요한 역할을 한다.

또한 성적 환상은 관음증, 물품 도착과 같은 행동에서 나타나는데 부모와의 분리, 신체. 성적 학대, 성도착 행동에 영향을 받는다.

살인 범죄자의 개인적 특성으로서 정신장애자는 억압적, 편집적, 공격적인 형이 다수다. 배우자 살해나 존속 살해가 발생하는 경우 범죄자를 정신병질의 원인으로 주장하려는 연구가 많으나 정신장애를 살인 범죄자의 개인 특성으로 일반화하기 어렵다.

한편, 코카인과 관련된 살인 범죄율의 증가를 보고한 연구와 특정 지역의 마약과 살인의 높은 관련성을 주장한 연구는 살인이 마약과 관련 있다고 주장하고 있다. 그러나 살인은 발생비율이 적고 마약은 불법 약물로 이에 대한 정보가 부족하므로 마약과 살인의 관계는 충분하지 않다.

다만 살인의 가해자, 피해자 모두 마약과 관련이 있는 것으로 보고되고 있다. 알코올의 경우는 마약에 비해 살인과 더 상관있다고 보고된다.

4장

외국의 탐정

1. 미국	54
2. 영국	59
3. 호주	63
4. 독일	66
5. 프랑스	69
6. 일본	73

4장 외국의 탐정

세계 여러 나라의 탐정 제도의 도입과 운영은 자국의 정치, 경제, 사회적 상황과 법률 문화와 치안 상태 및 국가의 역할과 기능에 대한 관점에 따라 서로 다른 형태를 지닌다.

영미법계 국가로 영국과 미국, 대륙법계 국가로 독일과 같은 국가를 들 수 있는데 미국과 영국은 자치경찰제도가 발전되어 있으나 독일은 국가의 강제력 독점에 기반을 둔 강력한 경찰권을 보유하고 있다.

따라서 나라마다 정도의 차이는 있으나 탐정협회나 탐정의 존립은 민간의 자발적 제정과 국가의 엄격한 관련 법에 행동강령이나 윤리 등이 정해지게 된다.

영미법계의 미국 형사 재판제도는 국민의 당사자주의로 당사자가 소송에서 주도적으로 소송에 우위를 지닐 수 있는 정보를 탐정에게 의뢰하여 찾아낼 수 있다.

이들 국가에서의 탐정은 그들의 법률 문화에서 자연스러운 일이며 탐정의 전문성과 거대 자본 유치가 용이하여 탐정 산업은 꾸준히 성장하고 있다.

다음으로 국가가 강력한 경찰권을 가진 나라는 자국의 엄격한 자격시험과 훈련을 통해 자격을 부여하는 공인탐정제도를 채택하고 있다.

한편, 영국과 일본의 경우 민간자격증으로 누구라도 탐정업을 할 수 있도록 했지만 이후 무분별한 탐정업체 난립으로 인한 폐해가 심해지면서 최근에는 탐정과 관련한 법을 제정하여 관리하고 있다.

1. 미국

1) 현황

디국 최초의 사립탐정은 1850년 앨런 핑커턴(Allan Pinkerton)으로 미국 탐정업의 시조라고 알려져 있다.

엘런 핑커턴은 당시 말을 타고 도망친 범죄자를 찾아 교수형을 집행하기도 하고 범죄자가 저항하면 현장에서 총으로 사살할 정도로 오늘날의 경찰 업무에 해당하는 활동을 했다고 볼 수 있다.

오늘날에는 공권력에 대한 탐정의 권한은 전혀 없고 일반인으로 사적 권리를 가지고 조사 활동을 하며 체포권에 관해서는 일반시민과 마찬가지로 '시민체포권'에 따른 권리만 행사할 수 있다.

한편, 미국은 자경주의(vigilantism)를 기반으로 자치경찰제도가 발달해 있다. 민간에 경찰의 공경비 영역을 많은 부분 이양함으로써 민간 차원에서 수행되는 탐정과 민간경비제도가 상당히 활발하게 성장하고 있다. 경찰 시스템의 민영화 추세는 다양한 분야에서 탐정의 도움이 필요해지고 있어 미국 탐정업의 전망은 밝다고 할 수 있다.

이처럼 미국은 탐정 제도가 가장 발달해 있는 국가이다. 미국의 탐정은 전직 경찰이나 법 집행 기관의 수사관 출신, 군 출신 등이 은퇴 후 탐정 면허를 취득하여 활동하고 있다.

현직 경찰의 경우 경찰관 신분을 유지한 채 탐정 면허를 취득하여 부업을 하거나 야간 경비업을 할 수 있어 점점 그 수가 증가하고 있다.

소송에서도 당사자주의에 기반을 두어 탐정은 변호사의 법적 판단과 소송수행에 조력자가 될 뿐만 아니라 동반자로서도 활약하고 있다.

미국은 각 주 정부가 자체적인 법률 시스템과 제도를 갖추고 있으며 탐정 제도 역시 각 주의 탐정 업무에 관한 범위와 자격요건 및 면허 등을 관리하고 있다.

현재 미국의 탐정은 6만 명을 넘어서는 것으로 알려져 있으며 탐정의 수요가 지속 확대되는 추세이다.

2) 업무

미국 탐정은 공인 탐정과 일반 탐정으로 운영되고 있다. 공인 탐정은 수사 및 조사와 관련된 경력이 요구되며 면허국에서 실시하고 있는 면허 시험에 합격하여야 업무 수행 자격을 수여 받을 수 있다.

그러나 일반 탐정의 경우는 탐정회사에 소속되어 직무에 종사한다.

미국 탐정의 업무 범위에 대한 뉴욕주의 규정을 보면 연방정부나 주 지방에 대한 범죄나 불법 행위에 대한 조사, 실종자의 위치 조사, 특정한 개인의 신원 확인, 주변인 관계, 신뢰성에 관한 조사, 사회조직과의 관계, 분실하거나 도난당한 재산의 위치 파악과 회수, 명예훼손이나 비방, 손해, 상해, 부동산이나 동산의 침해 원인에 관한 조사, 계약업체 및 하청업체의 행위 조사, 성실성, 효율성에 대한 조사, 징계 및 포상에 대한 조사, 재판에 필요한 증거의 확보 등이 있다.

미국의 업무 범위는 펜실베니아, 뉴저지, 캘리포니아, 플로리다를 비롯한 대부분 주에서 유사하며 공통 업무의 요약과
정리는 아래와 같다.

1. 미국 연방 또는 주 뜨는 미국에 속한 영토에서 발생하거나 위협이 되는 범죄 및 불법 행위에 대한 조사
2. 특정인 또는 특정 집단의 신원 확인, 습관, 관계, 동료, 생활양식, 동기, 소재 파악, 친자확인, 교제, 거래, 평판, 성격 등의 조사
3. 증인이나 그 밖의 사람들의 신뢰성에 대한 조사
4. 실종자 또는 재산의 소유자 및 부동산의 상속인 등의 소재 파악
5. 분실 또는 도난당한 재산을 회복하기 위한 조사
6. 화재, 명예훼손, 비방, 손해, 사고, 신체장애, 부동산이나 동산에 대한 침해의 원인 등의 조사
7. 형사재판, 민사재판 시 조사위원회, 판정위원회, 중재위원회 등에서 사용될 증거자료의 사전 확보
8. 종업원, 관리인, 계약자, 하도급자들의 행위, 정직, 효율, 충성 또는 활동에 관한 사실 조사

3) 자격

미국 대부분의 주는 면허시험에 합격한 사람에게 면허국에서 발급한 탐정 면허를 발급하여 탐정 업무를 수행할 수 있도록 하고 있다.

 탐정 면허 시험에 응시할 수 있는 자격요건으로 전과력이 없어야 하며 마약이나 약물중독, 정신 병력이 있을 경우 결격사유가 되며 응시 자격에 제한을 받고 있다.

또한 공인 탐정 자격은 주마다 조금씩 다르다. 캘리포니아주의 경우 기본적으로 18세 이상의 연령으로 범죄 경력이 없어야 하며 조사와 관련된 분야에서 2천 시간, 유급 경력은 3년(6천시간)이상, 경찰학, 법 관련 분야의 학사 학위 소지자 또는 대학 과정을 이수하고 1년의 실무경력을 요구하고 있다. 또한 수사기관에서 3년 이상의 수사 업무능력을 가진 자에 한해 면허시험에 응시할 수 있다.

미시간주의 경우 기본적으로 미국 시민권자, 25세 이상의 연령, 고졸 또는 동등 이상의 교육을 수료한 자이며 범죄 경력이 없어야 하고 3년 이상의 기간을 탐정업에 합법적으로 종사했거나 하고 있는 경우여야 한다.

탐정 면허는 경찰이나 수사기관에서 일정 기간의 수사 경력을 가진 자로 자격요건이 엄격하므로 일반인은 공인 탐정 면허 취득이 사실상 어렵다.

그러나 일부 주에서는 면허제가 아닌 자유업으로 사업자등록 후 탐정업을 할 수 있도록 요건을 최소화하기도 한다. 단, 그 지역에 주소지를 둔 사람으로 응시 자격을 제한한다.

탐정 회사의 정식 명칭은 'Private Detective Agency'이다. 탐정 회사는 회사 운영자에게 면허를 부여하므로 회사는 영업허가를 가지며 소속 탐정들은 탐정 자격을 보유하여야 한다. 공인 탐정에 소속된 조사원도 주 당국에 등록해야 한다. 한편, 일반 탐정은 공인 탐정 회사에 속해 회사의 지시에 의한 업무만을 할 수 있다.

일반 탐정의 자격은 면허(license)가 아닌 취업허가증(Employee Registration Card, Investigator Permit)으로 발부된다.

일리노이주는 전문 면허국에서 허가받은 교육기관인 탐정학교가 있다. 이곳에서 일정 기간 교육 후, 시험과 신원조회를 거쳐 취업허가증이 발부된다.

워싱턴은 공인 탐정과 일반 탐정 구분이 없다. 공인 탐정 면허시험에 합격하고 신원조회를 거쳐 면허국에 등록 후 탐정 회사에서 교육을 책임지게 된다.

2. 영국

1) 현황

영국은 민간 경비 제도가 상당히 발전되었다. 유럽에서 가장 먼저 자치경찰제도를 도입하였으며 자위방범사상이 오래전부터 정립되어 경찰력의 한계를 보조하고 경찰의 동반자적 역할을 수행하고 있다.

초기에는 경비업과 탐정업을 제한 없이 할 수 있어 경찰 등의 수사기관에서 수사 업무를 했던 경력자가 주로 조사 업무를 수행하고 미 경력자는 관련 교육기관에서 교육 이수 후, 국가직업인증(National Vocational Qualifiction)을 취득하여 제한 없이 조사 업무를 할 수 있었다.

그러나 다양한 문제점이 제기됨으로써 이후 경비 업무와 조사 업무의 질이 저하되므로 이에 대한 대책 마련으로 2001년 경비업 및 탐정업 전반의 규율을 목적으로 '민간보안산업법'이 제정되었다. 이는 현재의 탐정업과 경비업에서 규율되어 개인과 회사가 공공 관련 범죄행위를 일으키는 것을 규제하는 배경이 되었다.

이후 경비 산업 규제를 위해 보안산업위원회(The Security Industry Authority)가 설립되었다. 보안산업위원회는 민간 경비에 대한 관리, 감독기관으로 면허 발급 업무도 담당하고 있다.

또한, 영국 탐정업의 분업화라는 측면에서 상업정보회사는 국내 외 도피범이나 도피 자산 흐름을 추적하고 정보 수집, 잠입 근무 등 경제와 관련된 비즈니스 영역 업무에 전문적으로 관여하고 있다.

2) 업무

영국의 탐정은 "개인이 특정 개인 및 개인 활동과 소재 파악에 대한 정보를 획득하려는 목적으로 감시, 질문, 조사에 관련된 업무를 하는 자"로 정의하고 있다.

2001년 '민간보안산업법'에 탐정의 업무는 특정한 개인 또는 특정 활동, 소재 파악, 사라지거나 훼손된 재산 관련 파악을 위한 정보 조사 및 질문, 감시 업무로 한정하였다. 이는 미국 탐정보다 영국 탐정의 업무 범위나 영역 폭이 상대적으로 좁게 보이나 실제의 주 업무는 미국 탐정과 유사하다.

주 고객은 보험회사와 변호사로 보험회사의 보험 관련 사실관계 조사, 교통사고 조사, 산업재해 조사 등의 증거 수집 및 민 형사 재판의 자료 증거나 정보 수집, 문서 전달 등이 있다.

더불어 유산상속을 위한 유족이나 친족의 정보 탐색과 도주한 사람이나 실종자를 찾아내고 불륜 사건을 조사하는 등의 활동을 수행하는데 업무 내용은 아래와 같다

1. 특정 개인의 활동이나 소재에 대한 정보 수집
2. 사라지거나 잃어버린 재산의 상황, 그로 인한 피해 등에 관한 정보를 얻기 위해 감시, 조회, 질문, 조사하는 활동

3) 자격

영국은 탐정 업무를 하기 위해서 영국 정부 기관에서 발행하는 면허를 발급받은 후에 영업할 수 있다. 기본적으로 신원 증명과 범죄 전력 증명, 탐정으로서의 능력을 보유할 것을 요구하고 있어 전직 경찰이나 군인

출신이 대다수이다.

이 외에 민간인이 탐정이 되려면 민간교육기관에서 일정 기간 교육을 이수하고 면허국에서 발급하는 국가직업인증을 취득할 수 있도록 하고 있다.

그러나 이후에 다수의 탐정업체가 설립되며 업체 간의 경쟁으로 문제가 발생하자 2006년부터 국가직업인증 Level 3 이상을 취득해야 탐정 업무를 할 수 있도록 요건을 강화했다.

특히 2006년 법 시행 이후 면허를 취득한 탐정들의 리스트를 공개하고 의뢰자가 무면허 탐정에게 조사를 의뢰한 자체를 위법으로 간주하고 있다. 탐정과 경비업 전반에 관한 관리와 감독 업무는 보안산업위원회(Security Industry Authority)에서 2003년부터 담당하고 있다.

보안산업위원회는 독립된 정부 기관이며 현금수송차량, 근접 및 정무 경호, CCTV와 열쇠 관리 등에 대한 면허 발급의 업무도 맡고 있다.

3. 호주

1) 현황

호주는 연방국으로 민간 영역의 다양한 분야에서 체계적인 자격제도를 갖추고 있다. 호주의 탐정 제도는 주에 따라 다르나 1995년부터 연방정부에서 만든 필수 교육과 훈련으로 모든 자격에 대해 일관된 틀을 제공하고 있다.

또한 해당 주의 입법부에서 탐정 면허를 인가하고 있으며 영국의 영향을 받아 탐정들은 법률 자문 법인과 보험회사 등에서 활약하고 있다.

2) 업무

호주의 탐정은 자신이 면허를 취득한 곳에서 활동하게 되어 있다. 하지만 일정 세금을 납부하면 다른 지역에서도 탐정업을 할 수 있다.

호주의 탐정은 사법권을 행사, 조사할 수 있고 법원이 허가한 영장 집행도 가능하다. 또한 사건 조사에서 몰래카메라를 사용하는 것은 가능하나 도청 행위는 금지된다. 대표적인 몇 개의 주 중 Queensland 주는 탐정의 업무를, 돈을 받고 다른 사람의 개인정보를 수집하거나 제공하는 업무로 규정하였다.

South Australia 주에서는 채권 회수 또는 빚 독촉이나 상품 회수 또는 스재 확인, 지방세 회수를 목적으로 동산을 압류하는 업무, 판결의 집행이나 법원의 명령으로 법적 절차를 집행하는 업무, 개인 성향이나 행동 뜨는 개인 사업이나 직업 등의 개인정보를 수집하거나 제공하는 업무, 행방불명자의 소재 확인, 소송을 목적으로 증거 수집하는 업무의 범위를 갖는다.

Western Australia 주에서는 채권 회수, 영장 송달, 상품 회수, 의뢰인을 대신하여 제3자를 찾거나 그에 대한 개인적 문제를 조사한다.

Northern Territory 주에서는 입금이 되지 않은 상품의 회수 또는 소재를 확인, 채권 회수 또는 독촉, 판결 집행이나 법원의 명령으로 법적 절차를 집행, 소송을 목적으로 한 증거 수집 업무, 실종자를 찾는 업무, 타인의 성향이나 행동, 사업이나 직업에 관한 정보 수집이나 제공의 업무를 한다.

Tasmania 주에서는 선취득권을 조건으로 동산의 회수나 소재 확인 업무, 채권 회수 또는 독촉, 법원의 판결, 명령 기타 법적 절차의 진행, 압류, 실종자 소재 확인, 소송을 목적으로 증거를 수집하는 업무 등을 한다.

3) 자격

호주는 1995년부터 연방정부의 호주 자격 구조 자문위원회(Australian Qu

alification Framework Adivisory Board)의 국가 자격 제도 운영 기본 지침을 기본적으로 크게 벗어나지 않는 선에서 각 주의 탐정 제도 운영 방식이 약간의 차이를 가진다.

공인 탐정 자격은 범죄 경력 사실이 없는 자로 공인 탐정 자격 소지자가 운영하고 주가 인정한 사설교육기관에서 6개월에서 2년간의 교육을 받은 후, 국가 주관의 공인 면허시험에 응시하여 합격해야 한다.

또한 탐정 면허는 교육기관의 교육과정 수료 경력과 공인 시험 성적, 응시자와 1년 이상의 친분이 있는 3인 이상의 보증인이 필요하다. 공인 탐정이 업무 중 위법이나 범법 행위를 저지르면 보증인에게 책임을 묻기 위함이다. 즉, 호주의 탐정 자격은 교육을 먼저 받은 후, 자격시험에 응시하는 순서로 이뤄진다.

교육과정은 탐정 이론, 실무, 면접으로 이루어지고 교육 난이도에 따라 4단계로 등급을 나누어 최종 4단계 과정을 마쳐야 국가 공인 자격시험에 응시할 수 있다.

4. 독일

1) 현황

독일의 탐정 제도는 영국이나 프랑스에 비해 오래되지 않았다. 약해진 공권력을 대신하여 전직 수사관들이 돈을 받고 범죄를 조사하는 등으로 개인이나 사기업의 보호 역할을 수행하는 탐정 활동이 증가하며 시작되었다. 1860년대 최초의 탐정사무소 개업을 필두로 수많은 변천 과정을 거쳐 오늘에 이르렀다.

독일 최초의 탐정협회인 '독일제국탐정연구협회'는 1896년 설립되어 1차 세계대전 후 별도의 다른 탐정협회와 합병하여 '독일제국탐정연합'이라는 명칭으로 출발하였다. 2차 세계대전 이후 '독일탐정연합(VDD)'으로 명칭을 변경, 1920년에는 관청에서 보관하는 정보를 탐정이 열람할 수 있도록 법을 제정하였다.

1946년에는 탐정 업무 수행을 위해 사업인가를 의무화하고 1950년 독일탐정연맹(BDD)이 설립되었으며 1983년 7월 '국제탐정연맹'과 '탐정 및 정보중앙협회'가 합병하여 새로운 '독일탐정협회(BDD)'가 탄생, 현재 독일의 가장 대표적인 협회로 자리 잡고 있다. 세계 10여 개 국가 회원이 '독일탐정협회(BDD)'에 참여하고 있다. 탐정업체 수는 1,500여 개, 4천 경 정도의 탐정이 활동하고 있는 것으로 추정된다.

독일의 탐정 제도는 공공기관과의 상호 협조 안에서 발전했으며 유럽의 여러 나라들과 교류, 각 나라의 탐정업 발전에도 지대한 영향을 주고 있다(경재응 2019. 독일 탐정 산업의 발전 및 운용에 관한 법적 근거 및 규제 방안).

2) 업무

독일에서의 탐정 업무는 배우자의 부정 등 혼인 관련 조사가 대부분이었으나 1977년 이혼 사유에서 배우자 부정행위가 제외되는 개정법으로 혼인 관련 조사 업무의 급격한 감소로 인해 폐업하는 탐정사무소가 상당수에 달했다고 한다.

이후 노동법 관련 조사, 파산 사기와 업무 기밀의 유출, 저작권 및 특허권 침해, 보험사기 등의 비즈니스 관련 조사 업무, 채무자 조사, 특정인 조사, 분쟁이나 증언자의 수색 등 시민법 관련 조사 등 크게 노동, 비즈니스, 혼인과 관련된 분야가 주 업무가 되고 있다.

연방독일탐정연합회(BDD)에 따르면 절반을 넘는 탐정 회사들이 기업과 계약을 체결하고 있다 이러한 기업의 의뢰를 통해 의뢰 기업의 자산 보호 및 회사 구성원의 불법 행위 방지를 주 업무로 하고 있다.

독일 탐정은 공적 기관의 업무 중 하나인 치안에 기여하므로 자신들의 이익을 지킬 권리에 민감한 국민은 탐정업을 긍정적으로 받아들이고 있다.

탐정 업무는 독일의 민법과 형법 기타 관련 법규에 따라 규제되고 있으며 직업 강령을 통해 탐정의 권리와 의무를 규정하고 있다.

3) 자격

독일은 탐정업에 관한 면허제도는 시행하고 있지 않다. 직업 훈련 체계에도 포함되어 있지 않으나 민간기관의 면허를 발급받아 탐정 활동을 할 수 있다.

1998년 개정된 '영업법' 제38조에 의거 감독 되어야 할 업종의 하나로 규정되어 영업 등록만으로 탐정업을 할 수 있다. 탐정업을 하려는 자는 '영업법'에 따라 사업자등록을 하면 된다. 탐정이라는 명칭을 사용할 수 있고 탐정업을 수행할 수 있다.

연방독일탐정연합회(BDD) 회원은 대부분 경찰, 군인의 경력을 가진 자로 구성되며 가입한 탐정은 조사 업무 습득을 위한 자체 교육훈련을 받고 있다. 즉 국가 차원의 공식 직업교육훈련은 없으며 민간 차원의 자율적 교육훈련이 있다.

이러한 제도적 규율이 없는 상황에서 탐정으로서 전문적 능력과 자격을 갖추지 못한 조사 행위에 의한 개인정보유출이나 사생활 침해 등의 문제가 발생하고 있으며 이로 인한 고객의 불만과 탐정업에 대한 부정적 인식의 문제가 제기되고 있다.

주 정부 감독청에 영업 등록을 하면 감독청은 신청인에 대한 신뢰성 심사를 하고 문제가 발견되면 탐정 업무 일부 또는 전부에 대한 정지 조치가 가능하다.

5. 프랑스

1) 현황

1825년 파리 경찰청장이었던 들라보(Delaveau)는 사립경찰사무소라는 이름으로 탐정업을 시작하였다. 이후 1832년에 경찰 첩보부원이었던 비도크(Eugence Francois Vidɔcq)가 경제흥신소를 개설한 것이 프랑스 탐정업의 시작이다.

1942년 제정된 탐정업에 대한 법규는 1980년 수정을 거쳐 1981년 처음 신고제도가 도입되었다. 현재 프랑스의 탐정업은 허가제로 무허가 탐정과 탐정업자의 활동을 규율할 수 있어 탐정에 대한 사회적인 이미지 개선이 이루어진 것으로 보인다.

탐정전국조합(SNARP)에 의하면 프랑스에 현재 약 3,000명의 탐정이 있는 것으로 파악하고 있고 탐정 교육훈련기관인 탐정교육기관(IFAR)에 의하면 탐정업자는 증가 추세에 있다고 한다. 프랑스의 탐정업자도 여타의 다른 나라와 마찬가지로 대규모 탐정 회사와 소규모 탐정 회사의 형태로 이루어져 있다.

대규모 탐정 회사는 보험 조사나 재무조사 등 전문성 분야를 특화하고 소규모 탐정업자의 경우에는 전문적 기능을 보유한 탐정 회사와 협력체계를 구축하여 신속 대응에 노력하고 있다.

마르탱(Cabinet Martin), 푸이(Pouey), 알파(Alfa) 등은 대표적인 대규모 탐정 회사로써 마르탱은 조사 전반에 푸이는 채무자 소재 발견에 알파는 보험 범죄 조사에 특화되어 업무를 담당하고 있다.

이러한 기업형 탐정 회사들도 자사 거점이 없는 지역의 조사 의뢰는 다른 업자와 협력하여 진행한다. 또한 협력은 국내뿐만 아니라 EU 전 지역과 북미, 아시아 등의 탐정과 공조 형태를 가진다.

2) 업무

프랑스의 탐정 업무는 '민간안전활동규제법'에 "신분을 밝히거나 임무 목적을 드러내지 아니하고 고객의 이익을 위해 제3자에 관한 정보나 자료를 수집하는 업무"로 규정하고 있다.

개인은 업무를 위해 신분을 감추며 목적을 밝히지 않아도 가능하고 의뢰인에게 수집된 자료를 제공한다. 탐정 활동은 허가된 지역 안에서만 가능하고 법인의 경우 본점 및 지점이 위치한 지역에서도 영업허가를 받아야 한다.

 탐정 업무를 수행하는 법인은 사적 활동임을 표시하여 공적 활동으로 혼동하거나 오해받지 않도록 조치를 취해야 한다.

 프랑스의 탐정 업무는 개인보다 보험 사기나 재무조사 등의 기업 위주로 개인 의뢰 조사는 급감하는 추세이다. 개인의 조사 업무로는 이혼에 따른 정보 수집이나 양육비 지급과 관련하여 상대방의 사실 조사, 결혼 전의 신원조사 등이 있다.

 그러나 이러한 조사 의뢰가 줄어드는 이유는 비용 부담뿐만 아니라 간통죄의 폐지, 이혼 절차의 간소화 등으로 고액 위자료를 받는 경우를 제외하고는 조사 업무를 의뢰하는 경우가 많지 않기 때문이다.

 그보다는 기업의 사내 범죄 조사 의뢰가 증가하고 있다. 내용으로는 사내 절도나 정보 유출 등의 사내 범죄에 관한 조사, 신용조사, 인사 및 채용과 관련된 임원 등 주요 후보자의 신변 조사, 채무자의 소재 파악 등이다. 사내 조사는 사원의 협력을 얻어 행해지는 경우도 있다.

3) 자격

프랑스의 탐정업은 초기에 신고제로 운영되어 누구나 할 수 있었다. 하지만 2003년 신고제가 허가제로 변경되며 탐정 자격제도가 도입되었다. 이에 탐정업을 운영하려는 개인사업자 또는 법인사업자는 개인 탐정의 인가를 취득해야 한다.

탐정사무소의 대표는 반드시 프랑스인이어야 하며 직원은 외국인이어도 상관없다. 탐정 자격을 갖추지 못한 자의 탐정 활동은 벌금이나 탐정 면허 취소, 탐정사무소의 영업활동 정지에 해당하는 처벌을 받게 된다.

탐정의 자격요건은 아래와 같다.

> 1. 프랑스, EU 가맹국 또는 유럽경제권에 관한 합의국의 국적 보유자
> 2. 중범죄 및 경범죄의 전과 경력이 없을 것
> 3. 현재 국외추방명령 또는 입국금지처분의 대상자가 아닐 것
> 4. 불명예, 파렴치, 공공의 질서나 선량한 풍속에 반하는 행위 등으로 경찰 당국의 관리 파일에 등록된 자가 아닐 것
> 5. 현재 경비 업무를 수행하고 있지 않아야 할 것

탐정은 탐정 보조원을 고용할 수 있으며 탐정 보조원은 자격 취득의 필요는 없으나 직업상의 적성을 인정받아야 한다. 더불어 탐정 보조원은 지방 장관에 신고해야 한다. 탐정 허가와 비교해 보면 국적이나 파산에 관한 실격 요인이 부과되지 않는다. 탐정 보조원의 자격 요건은 아래와 같다.

1. 고용에 앞서 지방 장관에게 신고할 것
2. 전과기록이 없을 것
3. 국외퇴거명령 또는 입국금지처분 대상자가 아닐 것
4. 명령에 의한 직업상의 자격을 가질 것
5. 불명예, 파렴치, 공공의 질서나 선량한 풍속에 반하는 행위 또는 사람의 신체, 재산, 공공의 질서 및 국가 공안에 타격을 주는 유형의 범죄 행위 등으로 경찰 당국의 관리 파일에 등록된 경력이 없을 것

프랑스는 유럽 전역에 적용되는 탐정 자격 상호인증과 업무 협력을 위한 필요성을 제기하는 수준으로 탐정업이 도약하고 있다.

6. 일본

1) 현황

서구의 탐정업이 산업혁경 이후라면 일본의 탐정업은 메이지유신 후의 급속한 근대화 시기와 맞물려 시작되었다. 산업 발전으로 주식회사 설립, 활발한 증권 거래 등 기업 신용이 산업에 큰 영향을 미치기 시작한 때에 흥신소 등의 설립으로 태동했다가 제2차 세계대전 이후 경제 부흥을 등에 업고 급성장하였다.

초창기 일본의 탐정 제도는 단순 행정법상의 규제 대상으로서 탐정 활동에 큰 제약이 없었다. 부업으로 탐정업을 하거나 주말이나 야간 등의 특정한 시간에 할 수 있는 업무와 여성만이 할 수 있는 일 등에 적합한 다양한 사람들이 탐정 활동을 하였다.

명칭도 탐정사, 흥신사, 조사회사 등 다양하게 사용되었으며 한 개의 탐정업체가 여러 개의 상호로 영업을 하는 등 정확한 숫자를 파악하기 힘든 지경이었다. 이처럼 일본은 누구나 신고만 하면 탐정업을 할 수 있어 탐정 천국이라고 해도 과언이 아니다.

개업한 변호사보다 사무실을 차려 활동하는 탐정의 수가 더 많다. 수많은 영화와 드라마, 애니메이션이나 소설 등에 탐정이 등장하는 것에서 알 수 있듯이 일본에서 탐정이란 이미 친숙한 직업군으로 뿌리내린 지 오래다.

1988년 '일본조사업협회'가 설립되어 경찰청은 협회를 통해 업계의 자율적 지도, 감독을 하였으나 관리와 통제에 한계가 있었다. 이후 2006년 '탐정업의 업무 적정화에 관한 법률'이 제정되면서 국가의 탐정업에 대한 관리와 규제 및 불법 흥신소를 처벌할 수 있는 법적 장치가 마련되었다.

이를 통해 일본의 탐정업 관련 입법화가 탐정업의 양성과 부흥보다는 불법적인 조사 행위를 규제하기 위한 목적이 선행되었다는 것을 알 수 있다.

2) 업무

일본 탐정업 법에 따르면 탐정 업무는 타인의 의뢰를 받아 특정 개인의 소재나 행동에 대한 정보 수집을 목적으로 하는 것이다. 또한 탐문, 미행이나 잠복 등 현장 실질 조사를 하고 조사 결과를 당해 의뢰자에게 보고하는 것으로써 이러한 탐정 업무를 행하는 업을 탐정업으로 정의하였다.

조사 업무로는 배우자의 불륜이나 애인의 이성 관계 등에 관한 조사와 증거 확보, 특정 개인의 행동이나 위치 파악 등에 관한 조사, 직원의 외부 활동이나 객관적 평가의 확인 조사, 횡령, 금품 수수, 근무시간, 취업의 여부 등이 있다. 또한 가출하거나 실종된 사람의 소재지, 거주지를 파악하고 옛 은사나 옛 친구 등을 찾아주기도 한다. 신용조사로는 개인의 재산, 채무 등과 관련한 개인 신용조사가 있으며 기업 신용조사는 거래 회사의 신용도, 재무와 부채 상태 등을 조사하기도 한다.

이 외에도 개인의 신상에 관한 조사나 재판 증거를 위한 정보 수집 등이 있다. 단, 보도기관이 보도에 이용하기 위해 의뢰하면 제외된다. 일본 탐정 업무는 매우 다양하다. 법률, 경제, 부동산, 기업, 보험, 의료, 경비 등 전문 분야별로 분류되어 있다.

대규모 탐정 회사나 가인 및 소규모 탐정 회사, 영세한 소규모 탐정소 등 규모에 따라 신용, 채구나 채권 관계, 재판 증거조사, 신원 확인 개인 조사, 배우자 부정이나 디아 찾기, 행방불명자 찾기 등의 업무에 있어서 비중의 차이가 있다.

3) 자격

일본 탐정의 자격요건은 법률에 근거한 결격사유에 해당하지 않는 사람이면 누구라도 탐정업을 할 수 있다.

일본 탐정업 법이 규정하는 탐정의 결격사유는 아래와 같다.

> 1. 성년피후견인, 피보좌인 또는 파산자로서 복권되지 아니한 자
> 2. 금고 이상의 형에 처해지거나 이 법률규정에 위반하여 벌금형에 처해지고 그 집행을 종료하거나 또는 집행을 받지 아니하기로 된 날부터 기산하여 5년을 경과하지 아니한 자
> 3. 최근 5년간 본 법률 제15조의 규정에 의한 처분에 위반한 자
> 4. '폭력단원에 의한 부당한 행위의 방지 등에 관한 법률' 제2조 제6조에 규정한 폭력단원 또는 폭력단원이 아니게 된 날부터 5년을 경과하지 아니한 자
> 5. 영업에 관하여 성년자와 동일한 능력을 갖지 않은 미성년자로서 그 법정대리인이 전 각 호 또는 다음 호의 어느 것인가에 해당하는 것
> 6. 법인으로서 그 임원중에 제1호부터 제4호까지의 어느 하나에 해당하는 자가 있는 경우

5장

한국의 탐정

1. 한국 탐정제도의 발전사   81
2. 탐정 제도 정착을 위한 다양한 시도   82

1.
한국 탐정제도의 발전사

한국의 탐정제도는 민간이 자체적으로 치안과 수사 및 조사의 영역에서 강력한 국가권력에 개입하는 것처럼 볼 수 있는 전통적 인식 등이 발전에 걸림돌이 되고 있다. 한국의 역사적 배경과 사회문화적 환경에서 발생한 전통적 신념이나 인식은 외국 국가의 그것과 사뭇 다르다.

미국의 경우 남북전쟁, 식민지의 통치, 서부 개척 등 국가 치안의 공백으로 겪게 되는 사회적 브작용들에 대하여 국민은 자신을 보호하기 위해 민간 경비를 발달시켰으며 그 덕분에 오늘날 미국은 가장 발달한 민간 경비 제도를 가지게 되었다.

특히 외국의 탐정 제도는 민간 경비 영역에 기반하고 있으나 한국의 탐정 제도는 민간 경비 영역이 아닌 신용 정보조사업에 기반을 둔다. 외국의 경우 그 나라의 상황과 국민의 요구가 맞물려 자연스럽게 민간 경비가 발생하고 이를 기반으로 탐정 제도가 발전을 이루고 있다면 한국의 경우 역사적, 문화적 가치에 도전하는 것으로 보일 수 있어 필요성에 대한 충분한 논의조차 어렵다.

'흥신업단속법'에서 다룰 수 있는 것은 상거래, 자산, 금융, 기타 경제상의 신용에 관한 것이었다. 1977년 '신용조사업법'으로 명칭이 바뀌고 '흥신소'라는 명칭을 없애고 '신용조사소'로 바꾸었다.

정보원이나 탐정 그밖에 이와 유사한 명칭을 사용하면 3년 이하의 징역 또는 3천만 원 이하의 벌금에 처한다고 밝혔다. 다만 채권추심업을 허가받은 신용정보회사는 업무를 위해 특정인의 소재를 알아내는 것이 허용되었다. 1995년에는 '신용정보의 이용 및 보호에 관한 법률'로 명칭이 다시 바뀌었다.

2.
탐정 제도 정착을 위한 다양한 시도

2003년 '공인탐정법'의 국회 발의를 시작으로 여러 번의 입법화 노력을 위한 시도가 있었으나 아직까지 그 결과는 미약하다. 오로지 변호사가 민간인으로서 수임받은 법률 관계에 대해 조사할 수 있는 권리를 갖고 사적인 사실관계 조사가 가능했다.

또한, 신용정보법에 따라 사립탐정의 주체적 활동은 금지되나 변호사나 법무사의 필요에 따라 고용된 패러리걸(Paralegal)만 활동할 수 있었다. 즉 '사립탐정'이라는 이름을 사용하는 것은 신용정보법 위반이므로 형사 처분의 대상이 되지만 OO변호사의 패러리걸이라는 이름을 사용하는 것은 가능했다.

표면상으로 탐정 용어를 사용할 수 없었기 때문에 법률 보조원이나 변호사 사무장이라는 이름을 사용하며 법원에 제출하는 서류의 초안 작성이나 고객 인터뷰, 증인 인터뷰, 자료 수집, 조정절차를 위한 준비, 증인신문을 위한 준비 등의 업무를 진행하였다.

하지만, 2020년 8월 '신용정보보호에 관한 법률'의 개정으로 그동안 금지 되어왔던 '탐정이나 정보원'이란 용어를 사용할 수 있게 되면서 실질적인 탐정 자유업 시대가 열렸다.

이제는 누구나 탐정사무소를 열어 영업행위를 하고 있다. 음지의 탐정들이 제도권으로 나오는 긍정적인 모습을 보이고 있지만 현재 국내에서는 여전히 탐정을 관리 감독할 주무 부처와 관련 법률은 제정되지 않은 상태이다.

시장경제의 수요와 공급의 법칙에 맞물려 탐정 산업은 다른 산업과 마찬가지로 자유경쟁의 혜택과 위험을 동시에 안고 있다.

한국의 탐정 산업이 해결해야 할 과제들을 핵심적으로 정리하면 다음과 같다.

첫째, 수요가 증가하면 공급자도 다양화되지만 그만큼 전문성과 윤리 기준의 편차도 커질 수밖에 없다. 탐정은 민감한 정보를 다루기 때문에 므자격자나 저질 서비스 공급자의 시장 진입은 전체 산업의 신뢰도 하락으로 이어질 수 있다. 따라서 탐정의 자격 인증과 공적 시스템의 강화가 필요하다.

둘째, 탐정 서비스는 가격 기준이 모호하고 성과 보장이 어려운 특수 서비스다. 시장에서 저가 수주 경쟁이 일어나면 일부 업체는 불법 촬영, 블법 감청, 개인정보 침해 같은 위법 행위로 성과를 내려고 할 것이다. 따라서 표준 단가 제안과 성과보다는 윤리 중심의 계약 모델 도입이 대안이 될 것이다.

셋째, 수요 증가로 인해 탐정이 공권력을 대신하는 역할을 수행할 때 법 집행 기관 즉 공권력과의 마찰이나 국민의 권리 침해, 책임 소재 불명확 문제가 발생할 수 있다. 이를 위해서 공권력과 민간 조사 역할의 범위를 명확하게 하고 법률적 가이드라인을 정비하여 설정할 필요가 있다.

넷째, 바야흐로 AI의 시대가 도래하므로 디지털 증거 수집, 위치 추적, 사이버 분석 등 고급 기술 활용이 가능하고 이는 고수익, 고수요 시장으로 진화하는 중이다. 그러나 사생활 침해, 해킹, 불법 감시 문제로 연결될 수 있으므로 디지털 기술 사용의 윤리 기준을 수립하고 남용을 방지하는 장치를 규범화할 필요가 있다.

요약하면 탐정의 전문성을 보장하고 윤리적 기준을 정립하며 탐정법과 제도를 정비하는 등 시급한 문제를 하루라도 빨리 해결하는 것이 한국 탐정 산업을 보호하는 길이 될 것이다.

THEORY AND
PRACTICE OF
DETECTIVE STUDIES

6장

탐정의 조사활동

1. 정보	89
2. 관찰	99
3. 감시	101
4. 잠복	104
5. 미행	107
6. 탐문	111
7. 조사	120

1.
정보

1) 정보의 개념

정보란 무엇일까? 정보의 사전적 의미는 '관찰이나 측정을 통하여 수집한 자료를 실제 문제에 도움이 될 수 있도록 정리한 지식. 또는 그 자료'를 말한다.

정보라는 용어는 적국의 실정을 알아 전달한다는 뜻의 군사용어로 일본의 메이지 정부가 이를 채택하여 사용하였으며 일제강점기에 우리나라에 들어와 현재 사용하고 있다.

군사적 용어였던 정보라는 용어는 현재 국가 기관, 언론사, 대기업 등에서도 일반적인 용어로 사용하며 분야별로 다양한 의미로 사용되고 있다.

정보의 정확한 개념을 이해하기 위해 출처, 자료, 첩보 등의 비슷한 의미를 지닌 용어를 살펴볼 필요가 있다.

■ 출처

출처의 사전적 의미는 '사람이나 말 따위가 생기거나 나온 근거'이다.

근거란 근본이 되는 거점을 뜻하므로 자료나 정보가 어디서, 어떻게 시작되었는지 근원을 중요하게 생각한다는 것이다. 즉 자료나 정보를 얻을 수 있는 원천이며 입수되는 곳을 말하는 것이다.

자료의 수집은 얻게 되는 경로가 있는데 이를 정보원 또는 첩보의 출처라고 말한다. 첩보의 출처는 신뢰성 평가를 기초로 하므로 실제로 어디서 어떻게 그 정보가 생성되고 나타났는지 근원이 중요하다.

실무에 있어 첩보출처의 종류는 근본적 출처와 부차적 출처가 있다. 근본적 출처를 1차 출처, 부차적 출처를 2차 출처라고 한다. 근본적 출처는 첩보가 시작되는 처음의 근원지이다. 예를 들면 한 병원의 실태 파악을 위해 병원의 원장(ⓐ)을 기자(ⓑ)가 인터뷰한 경우, ⓐ와 ⓑ는 근본적 출처이다.

부차적 출처는 근원적 출처를 근거로 다시 나온 출처를 말한다. 예를 들면 정보 분석자에 의해 근원적 출처에 근거를 둔 보고서가 작성되면 이 보고서는 부차적 출처이다. 근원적 출처가 부차적 출처보다 높은 신빙성을 제공한다고 보는 경향이 있다.

하지만 반드시 그렇다고 할 수 없는 이유는 근원적 출처에서 원장의 비리를 은폐하고자 고의로 사실을 오도했다면 원장에게 유리한 부차적 출처가 작성될 수도 있기 때문이다.

또한 보호의 필요성에 따라 공개 출처와 비공개 출처로 구분하고 있다. 첫 번째로 공개 출처란 일반에게 공개된 정보의 존재 상태를 말하며 신문, 방송, 각종 인쇄물과 풍문, 평판, 여론 등 어떠한 통제도 받지 않고 입수할 수 있다. 따라서 공개 정보를 수집하기 위한 시간적, 경제적 비용은 절약되며 객관성을 담보할 수 있고 신뢰성을 가지나 그에 비해 중요도가 떨어지는 단점이 있다.

공개 출처의 중요성은 "우리가 일상생활에서 필요로 하는 정보는 80%가 우리 주위에 있다"는 미국 경제학자 빌 프레드 파레토의 언급에서 확인할 수 있다. 그뿐만 아니라 미국의 정보 전문가 랜슨(Ranson)은 "세계 각국의 정보기관이 막대한 예산을 들여 수집해 온 정보의 80% 이상이 우리가 일상에서 쉽게 수집할 수 있는 것이었다"고 공개 정보의 중요성을 강조하였다. 그러므로 탐정은 어떻게 수집했느냐의 비공개 정보뿐만 아니라 어디서 수집했느냐의 공개 정보 또한 중요하게 다루어야 한다.

두번째로 비공개 출처는 정보의 존재가 비밀리에 보전되어 있는 경우를 말한다. 탐정은 업무 활동에서 정보의 발견, 취합을 통해 사실관계 확인을 해야 한다. 이를 위해 여러 형태로 존재하는 공개 정보의 발견과 취합은 물론이며 비공개 정보를 수집해야 할 경우가 있다.

탐정의 활동은 실정법을 바탕으로, 명시적으로 허용된 것이 아니므로 합법성과 합리성이 무엇보다 엄격히 요구되는 사항이다. 그러므로 비공가 정보를 수집하는 것이 불가능하게 보일 수 있으나 반드시 그렇지만은 않은 것이 정보를 얻을 수 있는 전문적 능력과 인맥의 구축 등을 통해 비공개 정보를 수집하는 것이 가능하기 때문이다.

비공개 정보의 조작되지 않은 정보를 얻을 수 있다는 장점이 있으며 보안성과 고도의 기술이 요구되며 공개될 경우 법적인 문제가 제기될 수 있는 단점이 있다.

더불어 정보의 게재가 정기적인지 주기적인지에 따라 정기 출처와 우연 출처가 있다. 정기 출처는 정기적인 정보의 입수가 가능한 것을 뜻하며 반면 우연 출처는 비정기적으로 발생하는 정보를 입수할 수 있음을 말한다.

■ **자료**

자료란 표준국어대사전을 보면 '연구나 조사 따위의 바탕이 되는 재료'라는 의미가 있다. 날 것의 것 즉 특정 목적으로 평가되지 않은 사실이나 일정한 의미가 있는 글자와 숫자 또는 특수부호를 말하며 각종 신문, 서적, 광고 등에 포함되어 있다.

탐정은 이와 같은 자료를 면접, 탐문, 현장 관찰과 같은 방법을 통해 효과적으로 수집할 수 있다. 자료를 수집할 때는 수집하는 목적이 분명해야 하며 다각적, 종합적 시각으로 수집해야 한다.

수집된 자료는 그 배경과 출처를 증명할 수 있도록 하고 객관성을 가지고 수집해야 한다. 자료는 위조 또는 변조하지 않는다. 비공개 자료뿐만 아니라 공개된 자료 드한 중요하다는 것을 잊으면 안 된다. 자료가 사실을 증명하기 위한 재료가 되기 위해서는 적법한 절차를 가지고 수집한 증거물이 되어야 한다.

■ **첩보**

첩보란 수집한 자료를 의도와 목적을 가지고 추려낸 것으로 분석이나 정제를 거치지 않은 정보 자료를 말한다. 즉 정보화하기 위해 사용하는 자료를 말하며 일반적으로 정보기관에서는 첩보와 정보를 구분하여 사용하고 있으나 일반기업이나 사회에서는 이 두 용어를 구별하지 않고 혼용하는 것이 일반적이다.

첩보는 일련의 사실 발생에 대해 보거나 들은 자료를 단순히 안내하거나 소개하는 의미의 지식이므로 광범위한 자료를 통칭한다고 볼 수 있고 정보는 범위가 훨씬 넓지만, 정확성이나 완전성이 떨어지는 특징을 가지고 있다.

2) 정보의 의미와 가치

정보란 어떠한 행위 시즈- 전에 알아야 하는 사전 지식을 의미하며 본질적으로는 목적 달성을 위한 계획을 수립하는 데 필요한 기본적 지식이므로 문제해결에 필요한 지식으로 정의된다.

즉 자료가 가치를 가지게 되는 지식으로 2차 정보 혹은 지식이라 할 수 있다. 정보는 필요한 사람이나 특정 목적에 따라 일련의 처리 과정을 통하여 생산될 때 가치를 가지게 된다.

이러한 처리 과정을 거치지 않은 정보는 자료 혹은 첩보의 수준이라 할 수 있다. Mark. M, Lowental(2000)은 그의 저서 Intelligence: From Secrets to Policy에서 정보는 첩보로부터 도출되나 모든 첩보가 반드시 정보가 되는 것은 아니라고 했다. 잘못된 정보 즉 사실과 다른 정보는 전혀 다른 결과를 초래할 수 있으므로 정확성을 확보해야 한다. 사용자의 목적에 부합해야 하며 절대적으로 완전할 수 없더라도 최대한 완전한 지식이어야 하므로 부분적, 단편적 정보보다 모든 정보를 통합하여 작성되어야 한다.

또한 필요한 사람에게 시기적절하게 제공되어야 가치를 지닌다. 주관적인 판단으로 목적을 벗어나는 정보가 되지 않으려면 제공된 정보에 관한 보충 자료가 있어야 한다.

즉 정보의 가치는 정확성, 적절성, 완전성, 적시성, 보충성에 있다. 정보의 의미는 분야별로 조금씩 다르며 아래와 같이 정리할 수 있다.

■ **일반적인 의미**

우리가 자신의 목적을 달성하기 위해서 혹은 일련의 계획을 수립하는 데 필요한 소식, 지식, 자료 등을 모으는 경우가 있다. 예를 들면 환자가 자신의 질병 치료를 위해 여러 의사를 찾아보거나 질병에 대한 자료를 수집하는 것 등은 치료 목적을 위한 행위이므로 정보활동이라 할 수 있다.

마찬가지로 개인이 자신의 진로 결정을 위해 여러 회사에 대한 관찰과 비교, 측정을 통해 입사할 회사를 찾는 활동도 정보활동인 것이다. 이처럼 일반적으로 어떤 행동을 결정하기 전에 행하는 일종의 정보활동은 정보의 일반적 의미라고 볼 수 있다.

■ 국가정보의 의미

한 국가의 존립은 국가정책의 영역 중 안보 관리를 필수적이라 할 수 있고 이를 위한 국가정보의 필요성을 강조해도 무리가 아니다. 즉 국가정보는 국가정책에서 최우선 영역이며 국가 안보 관리에 가장 필수적인 것이다(김윤덕 2001. 국가정보학).

국가 안보 차원에서도 적국의 동정을 알고 이를 알리는 것은 국가의 정책 결정을 위해 수집된 정보의 평가, 분석, 종합과 이를 해석한 결과로 얻은 지식이라 할 수 있다. 그러므로 국가정보의 의미는 국가의 정책 결정과 전략 수립, 의사결정에 있어 유용한 지식이며 도움을 의미한다(권창기 외 2011. 탐정학).

■ 경찰정보의 의미

국가정보의 하위체계로 경찰정보를 들 수 있다. 경찰법과 경찰관 직무집행법의 '치안 정보의 수집, 작성'은 경찰의 임무이며 직무 범위이다.

치안 정보란 치안 목적을 위해 사용되는 모든 정보를 뜻하는 것이다. 즉 치안을 목적으로 수집된 자료와 자료의 평가 및 해석 등도 경찰정보에 대한 넓은 의미 안에 포함할 수 있을 것이다.

■ **탐정정보의 의미**

탐정정보는 일반적인 의미의 정보 의미에 속한다고 볼 수 있으나 그 즉체가 누구인가 하는 것과 대상과 목적에서 일반적인 의미의 정보 의미와 차이를 보일 수 있다.

탐정정보는 의뢰인의 의뢰에 해당하는 자료 수집에 한정된 것으로 의뢰인과 의뢰 대상자 간의 사정, 상황에 관한 조사 혹은 보고이다. 이는 의뢰인의 요구로 수집된 자료 혹은 정리된 지식이 의뢰인의 문제해결에 도움을 제공하는 의미로 볼 수 있다.

3) 첩보와 정보의 구분

첩보와 정보의 구분은 다음과 같다.

	첩보	정보
의미	의도를 가지고 수집한 자료	사용자 목적에 맞게 일련의 처리과정을 거친 지식
	1차 정보	2차 정보
완전성	단편적, 미확인의 불완전 지식	완전한 지식

정확성	단순한 견문으 자료로 부정확, 불규칙적	객관적 평가를 가지는 지식, 정확
적시성	수시로 수집	적절한 시기의 수집
유용성	보통	높음
생산과정	개인의 견문어 의한 자료	협동적 과정에 의한 자료

4) 정보의 순환 과정

탐정은 의뢰인의 의뢰로 정보를 수집하며 의뢰인에게 정보를 보고하는 순환 과정을 거치게 된다. 이러한 순환 과정 중에도 별개의 순환 과정이 발생하며 이를 소순환 과정이라 보고 소순환 과정은 전체 순환 과정과 연결된다.

　탐정은 의뢰인의 요구로 정보를 수집하지만, 국가 기관은 의뢰인의 요구가 없더라도 필요에 의해 정보를 수집한다.

　정보는 의뢰인의 의뢰 단계, 첩보 수집 단계, 정보 생산 단계, 정보 보고 단계를 거치게 되는데 이를 정보의 순환 단계로 본다.

　첫 번째는 의뢰인의 의뢰 단계이다. 의뢰인이 자신의 목적에 맞는 특정 정보를 얻기 위해 탐정에게 첩보 수집을 지시하는 단계이다. 의뢰인의 의뢰 단계 안에서 소순환 과정은 첩보의 기본 요소를 결정하고 첩보 수집을 위한 계획서를 작성하여 조정하는 과정을 거친다.

  두 번째는 첩보 수집 단계이다. 말 그대로 첩보를 수집하는 단계이며 첩보 수집 단계 안에서 소순환 과정은 첩보의 출처를 선정하고 수집, 전달하는 과정이다. 첩보의 출처 선정이란 요구한 정보의 수집 대상을 정하는 것이다. 이때 요구하는 정보가 무엇인지 정확히 알고 출처의 신뢰도를 비교하며 원하는 때에 수집 가능한지 검토한 후 불가능하면 대상을 수정할 것을 고려해야 한다. 수집 대상자와 수집자가 이해관계가 있을 경우는 신빙성을 검토해 봐야 한다. 출처가 선정되면 첩보를 수집하여 의뢰인에게 전달한다.

  세 번째는 정보 생산 단계이다. 수집된 첩보를 기록하고 평가를 거쳐 조사, 분석, 결론을 도출하는 과정이다. 정보 생산 단계 안에서 소순환 과정은 수집된 첩보에서 우선적으로 선택할 것을 결정하고 추후 필요한 정보는 기록으로 관리한다. 또한 출처의 신빙성, 신뢰성을 검토해야 하며 가설을 검증하기 위해 질적, 양적으로 분석하고 이를 종합하여 결론을 도출하는 과정이다.

  네 번째는 정보 보고 단계이다. 의뢰자에게 생산된 정보를 구두 혹은 문서로 보고하는 단계이다. 정보 보고는 의뢰자가 사용하고자 하는 시기에 제공되어야 하며 의뢰자의 상황에 맞도록 조절해서 보고해야 한다. 보고는 보안을 반드시 유지해야 하며 보고된 정보에 변화가 있으면 지속적으로 보고해야 한다.

2. 관찰

1) 관찰의 개념

탐정의 업무 활동에서 관찰이란 어떤 일, 사건, 사고가 실제 일어났거나 일어나고 있는 곳에서 수집된 자료를 파악하기 위해 자세히 살펴보는 것을 말한다.

이를 현장 관찰, 관찰 등으로 혼용하여 사용하고 있으나 본서에서는 관찰이 현장뿐만 아니라 정보 수집의 과정이라는 점에서 관찰로 정의하고자 한다.

2) 관찰의 중요성

사건, 사고가 발생한 곳에서는 다양한 흔적이 남기 마련이다. 따라서 현장은 사건이나 사고와 관련한 증거 자료가 반드시 있다. 현장에 남겨진 유형, 무형의 자료는 탐정이 관찰해야 할 대상으로서 신속함을 요구한다.

탐정은 현장을 관찰하고 얻은 자료를 추리하고 판단하여 정제한 후 탐문의 방향을 정하게 된다. 의뢰인의 요구에 합당한 자료를 제공하기 위해서는 자료의 수집에서부터 관찰을 통한 추리와 판단이 중요한데 잘못

된 관찰로 판단에 오류가 생기면 탐정 활동에 큰 손실이 따른다.

3) 관찰 기술

관찰을 효과적으로 실행하기 위해서는 현장에 유형, 무형의 자료가 반드시 존재한다는 믿음을 가지고 적극적인 자세로 자료를 수집해야 한다.

그렇다 하더라도 급한 마음은 자료를 훼손시킬 여지가 있으므로 전체에서 부분으로, 외부에서 내부로, 좌에서 우로 혹은 우에서 좌로, 위에서 아래로 혹은 아래에서 위로 살피고 이 과정에서 인물, 장소, 동기, 방법 등을 추정해야 한다.

침착하고 객관적 시각으로 냉정하게 관찰하기 위해서는 탐정 자신의 선입견을 버려야 한다. 객관적으로 관찰하기 위해서는 관찰 전 정보제공자의 신고나 사안에 경도되지 않도록 한다.

관찰은 과학적 방법뿐만 아니라 탐정의 오감에 의한 관찰도 중요하다. 눈에 보이는 것과 보이지 않는 것까지 관찰하기 위해서는 반복해서 치밀하게 살펴야 한다.

조사 활동에 혼선이나 위장을 초래하기 위한 장치가 있을 수 있다는 생각으로 관찰 현장의 모순점과 불합리한 점을 발견하도록 한다. 관찰의 내용은 반드시 메모하거나 촬영하여 증거로 남겨야 한다.

4) 관찰의 원칙

관심 : 탐정의 현장에서의 의심과 호기심은 지속적인 관찰을 할 수 있는 힘이 된다.
분류 : 계획적인 관찰은 관찰의 신속성을 높인다.
연상 : 두 가지 이상의 서로 다른 사항을 동시에 떠올려 결합해 볼 수 있다.
비교 : 탐정은 사물을 관찰할 때 자신이 알고 있는 사실과 비교하여 기억해 볼 수 있다.
종합 : 관찰 상황은 한 기점을 기준으로 정리, 종합한다.
기록 : 관찰한 내용 및 결과는 기록한다. 사건명, 관찰 장소, 관찰 시작과 종료 시각 등을 구조화된 형식에 사진 등과 함께 기록한다.

3. 감시

1) 감시의 개념

감시란 사전적 의미로 '단속하기 위하여 주의 깊게 살핌'이다. 단속이란 대상을 통제하는 것으로 사람, 사물, 지역 등을 목적을 위해 경계하며 살펴보는 것이다. 즉 탐정의 감시란 의뢰인의 요구에 다른 감시 대상자, 감시 장소에 관한 정보를 얻기 위해 공개 또는 비공개의 방식으로 계속 살피는 것이다.

감시에 담긴 '드러내놓고 살피지 않는' '숨은' 등과 같은 엿보기 의미를 가지는 활동으로는 '미행'과 '잠복'을 들 수 있다. 미행과 잠복뿐만 아니라 어떠한 감시의 활동도 법의 테두리 내에서 이루어져야 한다.

2) 감시 목적

감시의 목적은 탐정 계약에 의해 일반적 정보를 수집하거나 범죄 증거를 확보하거나 감시 대상자의 활동을 상세히 보고하거나 관련된 사람들을 조사할 때, 개인의 소재를 파악할 때, 소송 및 법정에서 사용할 증거를 확보하기 위해 은닉한 물건이나 자산을 발견하고자 행해지는 활동이다.

3) 감시 준비

감시를 위한 준비는 크게 감시 계획의 수립과 감시자의 자세가 있다.

먼저 감시 계획에 있어 감시자는 감시 대상자에 대한 사전 정보를 가능한 한 많이 확보해 놓고 여러 가지 상황을 예측하여 최대한 철저하게 계획해야 한다. 만약 감시 대상자에 대한 정보가 빈약하거나 오류가 생기면 언제 발생할지 모르는 돌발 상황에 대처하기 어려우며 궁극적으로는 감시를 할 수 없는 상황으로 감시에 실패하게 된다. 그러므로 감시 대상자의 이름, 별칭, 전화번호, 집 주소와 관련된 주소, 외모 특징, 인적 사항, 사진, 주요 동선, 취미, 가족관계, 직업, 하루 일과시간 등과 같은 기본적인 정보를 사전에 파악해 놓아야 한다.

다음으로 감시자의 자세는 감시가 이루어지는 동안 유의해야 할 사항을 반드시 숙지하는 것으로 시작한다. 숙지해야 할 내용은 감시 대상자에 관한 기본적 정보 확보, 추측 금지, 감시 대상자에게 감시자는 노출되지 않을 것, 감시 대상자가 감시당하고 있다고 느끼게 하지 않을 것, 역감시 당하지 않을 것, 돌발 상황에 대처할 수 있도록 준비할 것, 자연스럽게 행동할 것, 통찰력과 인내심을 가질 것, 카메라 등의 필요한 장비를 능숙하게 사용할 것, 중요한 사항은 메모를 활용할 것 등이다.

4) 감시 방법

감시의 방법으로 변장과 촬영 등이 있다. 변장은 다른 사람이 자신을 알아보지 못하도록 얼굴이나 헤어스타일, 옷차림, 신체 등의 모습을 바꾸거나 꾸미는 것이다.

변장은 감시 대상자를 미행하거나 가까운 거리에서 업무를 진행할 때 혹은 탐정의 얼굴을 감시 대상자가 알 수 있거나 여러 날 미행이 필요할 때도 활용한다. 얼굴에 메이크업을 하거나 상황에 적절한 옷차림으로 바꾸거나 가방이나 구두, 안경, 모자 기타 소품 등을 활용할 수 있으며 헤어스타일에 변화를 주거나 남장, 여장의 방법도 있다.

기본적으로는 자신의 신체적 특징에서 크게 벗어나지 않아야 한다. 누가 보아도 어색하거나 생경한 변장은 오히려 감시 대상자나 주위의 이목을 집중시키므로 변장을 통해 감시하고자 하는 목적은 이룰 수 없다.

또한 복장을 활용하여 변장을 할 경우 주위 환경과 어울리는 복장이어야 하며 큰 소리가 나거나 반짝이거나 요란한 장신구 등은 피해야 한다. 두엇보다 사람들의 시선을 끄는 복장은 도움이 되지 않는다.

촬영은 카메라, 비디오, 망원렌즈 등의 기계 장치를 활용해 자료에 접근하는 것으로 확실한 증거 자료로 유용하다. 따라서 다양한 장비의 사용 방법을 능숙하게 익히고 장시간 촬영 등을 염두에 두어야 한다. 하지만 초상권 침해 등의 위법 행위가 될 수 있으므로 주의해야 한다. 불법 수집한 증거 자료는 위법 수집 증거 배제의 법칙에 따라 사용할 수 없다.

4.
잠복

1) 잠복의 개념

잠복은 특정 장소나 위치에 고정되어 있는 상태에서 감시 대상자를 숨어서 지켜보는 것으로 감시의 기법이다. 잠복은 오랫동안 감시 대상자나 감시 대상자가 위치한 곳을 지켜보고 기다리는 활동이므로 미행을 시작하기 전까지는 장소를 떠날 수 없다.

탐정은 여타 활동을 자유롭게 할 수 없는 제한된 상태가 대부분이며 잠복 시간이 길어지면 길어질수록 피로도가 상당히 높아진다.

잠복하는 동안 식사나 생리적 현상, 날씨에 대한 대비를 갖춰야 한다. 또한 아무런 결과 없이 일정한 공간에서 기다려야 하므로 지루한 것은 물론 체력적 소모도 생각보다 많아 이를 이겨낼 인내심이 필요하다.

감시 대상자가 이동을 하면 탐정도 대상자를 따라 이동하게 되는데 대상자가 감시당하고 있다는 사실을 모르게 따라가야 하며 이를 미행이라 한다. 잠복 활동은 미행으로 이어지며 잠복과 미행을 번갈아 가며 수행하는 경우가 대부분이다.

2) 잠복의 종류

잠복은 내부 잠복과 외부 잠복의 형태가 있다. 내부 잠복은 감시 대상자나 감시 대상자와 관련 있는 공간을 살필 수 있는 내부 공간에서 잠복하는 것이다. 건물 내부에서 잠복하는 경우가 많아 주위의 시선을 받지 않도록 해야 한다.

특정 장소일 경우 관계자에게 양해를 구해야 하는 상황이 발생할 수 있으며 이때 탐정의 신분이 드러나지 않도록 하고 그곳의 환경과 관련된 답변으로 관심을 소거해야 한다.

내부 잠복은 건물 안, 식당, 카페, 차 안 등에서 이루어지며 아파트의

계단, 울타리 주변 등도 해당된다. 대형 건물에서 잠복할 때는 감시 대상자가 화장실이나 엘리베이터 등을 이용할 경우 이를 이용하거나 선점할 수 있는 장소로 감시 대상자의 이동에 따라 탐정도 즉시 이동 가능한 장소를 선정해야 한다. 커피숍이나 음식점과 같은 공간에서는 감시 대상자의 등 뒤나 통화나 대화가 잘 들리는 곳을 선정해야 한다.

차 안에서 잠복할 경우에는 주차위반 여부를 파악하고 여러 차량이 주차된 곳에 주차해야 한다. 탐정의 차량은 감시 대상자의 차량이 출발하는 방향으로 주차하며 대형 건물 주위일 경우 단독업무보다는 2~3인이 협조하여 예외 상황에 대처해야 한다.

외부 잠복은 건물의 외부, 도로, 골목, 공원 등의 사람들의 시선을 받지는 않으나 오랜 시간 한 장소에 머무는 경우는 관심의 대상이 될 수 있다. 따라서 주위 환경과 사람들의 패턴을 익혀 적절한 대처를 강구하고 있어야 한다.

외부 잠복 시 가능한 사전 답사를 통해 잠복이 용이한 장소를 알아두어야 한다. 외부 잠복도 내부 잠복과 마찬가지로 주위 사람들의 시선을 피할 수 있거나 가능한 한 적게 받는 장소를 선정해야 한다. 모퉁이와 같이 은폐가 쉬운 곳을 이용한다.

3) 잠복 시 유의 사항

잠복 시에는 다음과 같은 사항에 유의하여야 한다.

① 잠복할 장소는 사전 답사로 환경, 교통, 유동 인구수 등을 파악해 둔다.
② 감시 대상자, 주위 사람에게 의심받지 말아야 한다.
③ 미행을 염두에 두고 최적의 장소를 선정해야 한다.
④ 눈에 띄지 않는 복장을 준비하고 음식값은 미리 지불한다.
⑤ 감시 대상자의 동선을 파악하여 제2의 잠복 장소를 예측해 둔다.
⑥ 장시간 잠복할 것이 대비하여 식사, 음료, 여벌의 옷 등을 준비한다.
⑦ 인내심을 가지고 감시해야 한다.
⑧ 촬영 장비는 능숙하게 다루고 핸드폰은 진동이어야 한다.
⑨ 외부 잠복 시 주위 환경에 적절한 활동을 해야 한다.
⑩ 엘리베이터에 동승한 경우 감시 대상자가 먼저 층을 누르도록 한다.

5. 미행

1) 미행의 개념

미행이란 '다른 사람의 행동을 감시하거나 증거를 잡기 위하여 그 사람 몰래 뒤를 밟음'이란 사전적 의미가 있으며 비슷한 용어로는 추적, 밀행 등이 있다.

  탐정이 의뢰받은 사건의 감시 대상자에 관한 자료를 수집하기 위해 대상자에게 자신의 신분을 노출하지 않고 몰래 뒤따라가며 증거를 수집하는 동적 행위이다.

2) 미행의 종류

미행은 감시 대상자가 이동하는 수단이나 이동 경로, 탐정의 수에 의해 구분된다.

감시 대상자가 짧은 거리나 복잡한 장소 등을 걸어서 이동할 경우 탐정도 도보로 미행하는 경우를 도보 미행이라 한다. 이에 반해 감시 대상자가 차량이나 다른 교통수단을 이용하여 이동할 경우 탐정도 차량이나 다른 교통수단을 이용하는 미행을 차량 미행이라 한다.

감시 대상자가 한 개의 경로로 이동할 때 탐정은 단선 미행을 수행하고 감시 대상자가 여러 경로로 이동할 때 탐정은 복선 미행을 수행한다. 탐정의 수가 한 명일 경우에는 단독미행이라 하고 탐정의 수가 2명 이상 공동일 경우에는 공동미행이라 한다.

기준	종류	내용
감시 대상자의 이동 수단	도보미행	도보로 이동하는 감시 대상자 미행
	차량미행	차량으로 이동하는 감시 대상자 미행
감시 대상자의 이동 경로의 수	단선미행	이동 경로가 하나인 감시 대상자 미행
	복선미행	이동 경로가 둘 이상인 감시 대상자 미행

탐정의 수	단독미행	1인의 탐정이 수행하는 미행
	공동미행	2인 이상의 탐정이 수행하는 미행

3) 미행 방법 및 유의 사항

첫째, 도보 미행은 감시 대상자에게 발각될 확률이 높아 단독미행보다는 공동미행이 효과적일 수 있다.

 미행의 상황에 적절하게 단독미행과 공동미행을 교체하며 진행하면 발각될 확률을 낮출 수 있고 감시 대상자가 미행당하는 느낌을 받지 않을 수 있다. 도보 미행 시 유의해야 할 점은 다음과 같다.

① 감시 대상자의 동선을 미리 파악하여 계획을 수립한다.
② 가까운 거리는 발각될 위험이 있으므로 직선거리나 시야가 넓은 장소에서는 거리를 두고 미행한다.
③ 골목의 코너를 도는 경우, 넓게 돌아 예기치 못한 만일의 사태에 대비하고 돌기 전에는 감시 대상자와 거리를 좁혀 놓치지 않도록 해야 한다.
④ 눈에 띄지 않는 복장을 준비하고 음식값은 미리 지불한다.
⑤ 감시 대상자의 외모나 옷차림을 숙지하여 여러 사람들이 모여 있는 장소에서도 쉽게 찾을 수 있어야 한다.
⑥ 감시 대상자가 이동하던 중 멈추고 뒤돌아보는 경우 탐정은 멈추지

않고 자연스럽게 대상을 지나쳐야 한다. 기회를 만들어 다시 미행한다.
⑦ 감시 대상자를 정면으로 주시하지 말아야 한다.
⑧ 감시 대상자가 도보로 이동하다 교통수단을 이용할 수 있으므로 교통카드 등을 사전에 소지한다.
⑨ 미행 중에도 메모할 수 있도록 준비한다.
⑩ 우천 시 투명 우산을 사용한다.

둘째, 차량미행은 탐정이 운전에 능숙해야 보다 쉽게 감시 대상자 동선 파악과 예측이 가능한 미행을 할 수 있다.

감시 대상자를 앞지르지 않아야 하며 차량은 1대 혹은 여러 대로 상황에 따라 할 수 있다. 차량 미행 시 감시 대상자가 감시당한다는 느낌이 들지 않도록 차량의 위치를 정하고 적당한 거리와 속도를 유지해야 한다. 블랙박스 등으로 미행 후 동선을 정리하고 분석하여 자료로 활용한다. 차량 미행 시 유의해야 할 점은 다음과 같다.

① 감시 대상자의 차량과 적당한 거리와 속도를 유지한다.
② 한적한 도로에서는 시야가 확보되는 최대한의 원거리 미행을 한다.
③ 원거리 미행 중 감시 대상자의 차량이 중간에 이탈할 만한 장소가 있을 때는 근접하여 미행한다.
④ 신호로 정차하는 지점 전에는 감시 대상자 차량의 뒤로 한 두 개의 차량을 진입시키거나 옆의 차로를 이용하여 노출되지 않도록 한다.
⑤ 대도시의 도로에서는 차량이 많으므로 근접하여 미행할 수밖에 없

는데 이때는 다른 차량을 투입하여 진행한다.
⑥ 감시 대상자의 차량 앞에서 주행할 경우 후사경으로 감시한다.
⑦ 탐정 차량은 연료를 충분히 확보하여야 한다.
⑧ 감시 대상자 차량과 동시 출발하지 말고 시간을 두어 출발한다.
⑨ 2대 이상의 차량이 미행할 때는 서로 차량의 위치를 바꾸어가며 미행한다.
⑩ 탐정 차량은 하이패스를 장착해야 한다.
⑪ 탐정 차량은 눈에 띄는 색은 지양하고 무난한 색으로 준비한다.
⑫ 탐정 차량의 번호는 기억하기 쉬운 번호는 피한다.
⑬ 신호, 교통법규 위반으로 시선을 끌거나 미행 활동이 정지되지 않도록 한다.
⑭ 감시 대상자가 하차하면 2인 이상의 탐정은 활동을 분담하여 도보 미행과 차량 미행을 분담할 수 있도록 한다.

6. 탐문

1) 탐문의 개념

탐문의 사전적 의미는 '알려지지 않은 사실이나 소식 따위를 알아내기 위하여 더듬어 찾아가서 들음'이다. 다시 말해 탐정이 사실관계 확인을 위해 사안과 관련된 당사자나 관계자 등에게 면담을 통해 질문하고 듣고 보는 활동이다.

　탐문은 탐정의 조사 활동에서 가장 기본적인 활동이고, 탐문 활동을 어떻게 하는가에 따라 조사의 성패가 가늠되는 주요한 활동이다.

　탐정의 탐문 행위는 수사나 재판 등과 같은 법적 행위가 아니다. 증인에게 진술을 강요할 수 없고 오로지 협력을 기대할 수 있을 뿐이다. 즉 사실관계를 위한 조사와 확인의 활동으로 범인 검거 활동이 아니다. 이러한 점에서 탐정의 탐문 활동은 어려움이 있으나 탐정의 전문적 능력에 따라 달라질 수 있다.

　탐문은 사실관계와 현장 조사의 활동에서 조사하는 탐정의 개인적 관점이나 경험이 작용할 수 있으므로 주관적인 활동이다. 그러나 탐문의 사회성, 공공성이 중요하므로 탐문 방법과 내용에 객관성과 보편성, 타당성이 있어야 한다.

　이러한 객관성과 보편성, 타당성을 확보하기 위해서 탐문 설계, 탐정의 경력, 탐정의 능력, 탐정 기법이 필요하다. 탐정의 탐문은 개인의 사생활 침해, 사회적 감시의 위험이 따르므로 기본적으로 사회성과 공공성이 유지되어야 하며 탐문에 대한 공익 규제가 필요하다.

2) 탐문의 종류

탐문은 범죄가 잠재되어 있는 상태에서 조사 단서를 얻기 위한 활동과 범죄가 표면으로 드러난 후 범인의 색출이나 증거 확보를 위해 조사하는 탐문이 있다.

전자의 경우 음성적인 뇌물, 선거법 위반 등이 있으며 후자의 경우 여러 범죄가 있을 수 있다. 잠재범의 경우 탐문에 의해 조사나 수사 활동이 이루어지지만 후자의 경우 피해자 신원 확인, 연고, 사회적 활동이 중심이 되어 주변의 가족이나 친구, 동료, 사회적 관계를 맺고 있는 관계인 등으로 활동이 이루어진다.

종류	내용
공개탐문	· 탐정의 소속, 신분, 사건의 전부, 일부를 공개 · 탐정과 조사 대상자가 통모 가능성, 증거인멸의 우려가 없는 경우 실시하는 방법. · 주로 피해자 가족 탐문에 사용
가장탐문	· 탐정의 소속 신분, 사건, 조사 목적을 숨기거나 가장 · 탐정과 조사 대상자가 통모 가능성이 있는 이해관계자에 대해 실시하는 방법
고용탐문	· 일정한 보수를 지불하고 사람을 고용하여 수행 · 잘못 고용할 경우 보안에 문제가 생기므로 유의

3) 탐문자의 자세

탐문 활동하는 탐정은 진술하는 사람에게서 최대한의 타당하고 신뢰할 만한 자료를 얻기 위해 질문, 태도, 상황판단에 전문성을 가지고 임해야 한다.

   정보로서의 가치를 가지려면 면담의 대상자 기분, 주위 환경에 좌우되거나 걱정이나 고민이 담긴 추측성 진술이 되지 않도록 사전에 배려해야 한다.

   이를 위해 탐문하는 탐정은 면담 대상자와의 라포 형성에 먼저 충분한 시간을 할애할 필요가 있다. 탐문 대상자와 부정적 감정을 나누게 되면 탐문은 실패하게 된다. 공손한 태도와 진정성 있는 자세를 보여 상대가 돕는 마음이 생길 수 있도록 한다. 탐문하는 탐정은 자신의 선입견, 선지식 등으로 유도하는 질문을 하거나 취조하는 듯한 분위기는 바르지 않다. 면담 대상자가 진술하는 내용이 두서없거나 자신도 잘 모르는 내용을 장황하게 말하는 경우 등에도 무시하는 분위기를 만들거나 상대의 말을 자르지 않도록 한다. 당장은 중요하지 않더라도 인내심을 가지고 주의하여 진술 방향을 잡아 재질문으로 환기한다.

   탐문 대상자의 성격, 성품, 의도와 목적에 따라 진술 내용에 영향을 줄 수 있으므로 평소 탐문 대상자들의 특징을 관찰하여 적절한 대응 능력을 준비하도록 한다.

4) 탐문의 특성

탐정의 탐문은 경찰의 수사 활동과 권력적 특징이 다르다. 경찰의 수사 활동은 권력적 행위지만 탐정의 탐문은 비권력적 행위이다. 말하자면 탐정의 탐문 활동은 오로지 탐문 대상자의 협력과 협조하에 이루어지는 활동이라는 것이다.

   탐정의 탐문 활동은 모든 조사 활동의 기본으로 문제해결에 중요한 정보를 제공하고 있다. 어떠한 사건이라도 반드시 직·간접적인 유·무형의 흔적은 직접 관련이 없는 대부분의 사람이 무심히 지나쳐도 남아 있기 마련이다. 다른 말로 하면 사실관계에 관해 탐문 대상자들이 보고, 듣고, 기록이나 사진으로 남겨놓은 정보가 있을 수 있다. 동시에 진술 내용은 주관적 경향성을 가지고 있을 수 있다.

   또한 탐문의 특징으로 경제적 측면을 들 수 있다. 탐문은 별도의 과학적 장비나 특별히 예산이 많이 들어가지 않는 활동으로 신속하게 전개되기도 하고 즉시 변경이 가능한 활동으로 경제적이다. 적은 비용으로 면대면을 통해 사실관계 확인과 문제해결의 결정적 정보를 얻을 수 있는 장점을 가지고 있어 비용 대비 높은 효율을 가진다.

5) 탐문의 준비

탐문은 경찰의 탐문수사와 비슷하다. 과정으로는 사전 준비, 탐문 목적 및 방향 설정, 탐문 대상자 선정 및 분석, 탐문 계획 수립 등의 순서로 진행된다.

   ■ 사전 준비
   사전 준비란 탐문을 하기 위해 탐문 대상자에 대한 기초적인 자료와 주변 환경의 특징을 파악하는 것이다.

파악이 끝나면 탐문할 시간과 탐문 시 탐정의 복장을 결정한다. 일반적으로 탐문 대상 장소의 상황에 적절한 복장을 준비해서 남의 눈에 띄지 않도록 한다.

탐문의 준비로 사전 조사를 할 경우 미행과 잠복의 성공률을 높일 수 있다. 통상 사전 조사를 마치고 탐문을 하게 되는데, 경우에 따라 잠복과 미행 후에 탐문을 해야 하는 상황도 있을 수 있다. 탐문을 먼저 하면 탐문 대상자에게 노출되어 주변 사람에게 경계심을 주고 잠복 활동이 어려워질 수 있기 때문이다. 이 때문에 사전 조사, 잠복, 미행, 탐문의 순서로 진행하기도 한다.

탐문에서 얻은 미확인 정보를 확인된 정보로 만들기 위해 미확인 정보에 대해 뒷조사를 하고 이후에 잠복이나 미행을 하는 경우도 있다.

■ 탐문 목적 및 방향 설정

탐문을 할 때는 의뢰인이 의뢰한 사건이나 사고를 바탕으로 확인된 사항을 정리하고 목적을 명확하게 하여 얻어야 할 것과 목적에 따른 방향을 설정한다. 즉 의뢰인이 원하는 정보를 정확하게 파악하고 그에 맞는 방법을 생각해 두어야 한다.

■ 탐문 대상자 선정 및 분석

탐문 대상자를 선정하는 것은 탐문 활동에 중요한 부분이다. 대상자가 많거나 무작위로 선정하면 노출의 위험이 많아지고 탐문 활동에 목적성이 흐려질 수 있다. 그러므로 탐문 대상자는 사건이나 사고를 직접 체험했거나 의뢰 대상자의 친인척, 친구, 직장동료, 모임 관련자 등의 연고 중심과 근처 거주자, 사건 장소나 주변 지리에 능통한 사람 등 물리적 환경을 잘 아는 사람을 대상으로 한다.

특히 탐문 대상자는 사건이나 사고에 대한 정보를 제공한 협력자이므로 정보를 제공한 이유만으로 보복이나 피해의 대상이 되어서는 안 된다. 대체로 사건과 사고의 관계자가 진술하지 않으려는 이유이기도 하다. 따라서 탐정은 절대로 탐문 대상자의 안전을 고려하고 비밀을 보장하는 선에서 탐문해야 한다.

■ **탐문 계획 수립**
탐문은 사전에 구체적으로 계획을 수립하여 진행한다. 사전 준비를 통한 안정적인 장소를 확보하고 탐문 목적 및 방향 설정을 통해 질문과 가상 답변을 연습해 초점을 정확하게 한다. 탐문 대상자 선정 및 분석을 통해서 탐문 대상자에 적절한 탐문 요원을 선발할 수 있다.

6) 탐문 시 유의 사항

① 탐정의 탐문은 경찰의 탐문조사나 언론기관의 인터뷰와 목적이나 형태는 같다고 할 수 있으나 신분의 노출 유무와 권력의 유무를 기반할 때 차이가 있다. 그러므로 탐문 대상자의 자발적이고 선의의 도움이 전제되어야 한다.

② 탐문 대상자 인터뷰에서는 언어적 정보뿐만 아니라 비언어적 정보 또한 민감하게 알아차려야 한다. 탐문 대상자의 침묵, 회피, 당황, 말실수 등은 중요한 자료가 될 수 있다. 이때 탐정은 정확한 정보를 얻을 수 있는 기회로 여기고 순발력을 발휘하여 핵심을 찌르는 질문이나 우회적 질문 등 대상과 상황에 맞는 탐문으로 효율적 정보를 수집해야 한다. 즉 질문을 어떻게 하는지도 중요하지만 언제 해야 효과적인지도 신중히 고려해야 한다.

③ 정보를 빼내려 한다는 느낌이 아닌 정보를 얻으려 한다는 느낌을 제공하는 것이 도움이 된다. 또한 정보의 기록은 가능하면 탐문 대상자 앞에서 하는 것보다는 탐문 대상자가 보지 못하는 장소에서 하는 것이 더 자연스럽다. 하지만 불가피하게 필요한 경우에는 신뢰감 있는 태도로 충분한 양해를 구한 다음에 기록할 수 있다.

④ 탐문 시 녹음 녹취하는 경우는 통신 비밀 보호법을 위반하지 않는 한도 내에서 가능하도록 주의하여 실행한다.

⑤ 탐정은 자신의 말보다는 탐문 대상자가 더 많은 말을 할 수 있도록 하고 전문용어 사용을 자제하고 일상적 용어를 사용해야 한다. 불안하거나 위협적 단어는 절대 사용해서는 안 되며 최대한 탐문 대상자가 편안한 상태에서 말할 수 있도록 도와야 한다.

⑥ 탐정은 질문의 목적을 뚜렷이 하여 탐문 대상자가 정확히 협조할 수 있도록 해야 하며 대화 도중에도 탐문 목적을 인식하고 놓치지

않아야 한다.

⑦ 탐문 대상자의 이야기가 흐르도록 중간에 고개를 끄덕여 주거나 추임의 언어로 이끌어야 한다.

⑧ 탐문 대상자 이야기가 단절되거나 머뭇거리는 부분은 탐문 대상자를 관찰하여 분위기를 확인한 후, 다시 그 부분에 대해 질문하여 이야기를 독려할 수 있도록 한다.

⑨ 탐정은 폐쇄 질문이 아닌 개방형 질문을 사용하며 결정이나 판단의 언어를 사용해서는 안 된다.

⑩ 탐문이 끝나면 탐문의 내용을 다양하게 검토하고 적확한 판단을 도출한다.

⑪ 탐문으로 수집한 자료는 절대 보안을 유지한다.

⑫ 탐정은 계약된 의뢰 사항에 대한 정보를 보고하고 그 외에 기타 정보는 비밀을 유지한다.

⑬ 탐문을 끝내면 탐문 대상자에 대한 감사의 뜻을 표하고 나중에 재탐문의 경우를 대비해 연락처 등을 알아두는 것이 좋다.

7. 조사

1) 조사의 개념

조사란 사전적 의미로 '사물의 내용을 명확히 알기 위하여 자세히 살펴보거나 찾아봄'이다.

탐정은 사실관계 파악을 위해 일련의 활동을 하게 된다. 활동의 내용에는 감시, 관찰, 탐문, 미행, 잠복 등이 있으며 이러한 활동을 하는 과정에서 정보를 수집하여 자세히 살펴보고 추리, 판단을 거쳐 의뢰인의 목적에 타당한 정보를 전달하는 통합적인 활동이다.

2) 조사의 초기 단계

의뢰인이 사건 의뢰를 진행하면서 탐정이 반드시 확인해야 할 사항은 조사의 초기 단계에서 이루어진다.

의뢰인의 절실하거나 절박한 상황에 감정적 동요를 하기보다 의뢰인의 의뢰 내용이 법률적 위반 행위인지를 먼저 냉정히 검토해야 한다. 또한 조사해야 할 대상의 다른 개별법과의 관계를 살펴보고 협업의 여부도 검토해야 한다.

이러한 검토를 마치면 탐정은 조사 업무를 수임하기 전에 의뢰인, 의뢰 내용, 의뢰 수익자, 의뢰 목적, 의뢰 건의 수사기관 수사 여부, 의뢰 중복 여부 등을 파악한다.

■ 의뢰인

탐정은 가장 먼저 의뢰인의 신원을 확인해야 한다. 의뢰인이 제공한 성명, 주소, 직업 등의 기초적인 정보를 반드시 별도로 확인해야 하며 허위가 아닐 경우에 수임하는 것이 타당하다.

만일 허위가 밝혀지면 수임을 거부하는 것이 옳다. 이는 의뢰인이 탐정으로부터 얻은 정보를 불법적으로 사용하거나 부당하게 활용하는 것을 막기 위한 것이다. 즉 탐정은 스스로 자신의 안전을 확보하고 지킬 수 있어야 한다.

■ 의뢰 내용

의뢰인은 탐정에게 사건을 의뢰하는 상황에서 다소 심리적 불균형이나 인지적 오류를 보일 수 있다. 사건에 대한 자신의 주관적 입장을 고수하여 전해 들은 소문이나 정보의 여과 없이 자신에게 유리한 기초 정보를 제공하는 경우도 있다. 즉 일부 의뢰인의 경우 조사 대상자에 대한 과장 혹은 거짓, 추측의 자료를 제공할 수 있다.

따라서 탐정은 사건 수임 시 의뢰 내용을 명확하게 하는 동시에 의뢰인이 제공한 자료를 객관적으로 신중히 검토해야 한다. 이를 위해 탐정은 자신의 전문적 능력을 향상시켜야 한다.

■ **의뢰 수익자**

탐정은 의뢰인의 의뢰로 누가 수익자가 되며 조사 결과가 누구에게 귀속되는지를 확인해야 한다.

예를 들면 의뢰인 본인, 가족, 제3자, 경쟁 대상자 등 의뢰자와 수혜 대상자의 관계를 확인하는 것이다. 왜냐하면 이는 탐정의 조사 방향, 정보 수집 과정 및 추리, 판단에 영향을 미치기 때문이다.

■ **의뢰 목적**

탐정은 의뢰자의 의뢰 목적을 정확히 알아야 한다. 이는 의뢰 수익자가 누구인지를 파악하는 것과 같은 맥락이다.

의뢰인이 개인의 피해 우위를 입증하기 위한 것인지 고소나 고발 또는 신고 등의 개인 피해를 구제하기 위한 준비를 목적으로 하는 것인지를 확인해야 한다. 이는 탐정이 정확한 의뢰 목적을 토대로 조사 대상 및 범위 등의 수임 계획을 세우기 위함이다.

■ **의뢰 건의 수사기관 수사 여부**

의뢰된 사건이 현재 경찰이 수사 중인 사건 인지 여부를 확인해야 한다. 만일 수사기관에서 종결했거나 장기 미제 사건의 경우가 아닌 현재 수사 중인 사건은 신중해야 한다.

이러한 사건을 수임할 경우에는 조사 업무 과정에서 수사 방해, 위법 등의 문제가 발생하지 않도록 각별히 주의해야 한다.

■ 의뢰중복

의뢰인이 다른 탐정기관의 조사 대상자로서 자신을 보호하거나 방어, 교란, 역이용하기 위한 목적으로 활용하고자 조사를 의뢰하는 경우가 있다. 이와 같은 경우 탐정은 사실관계를 확인할 수 있는 제대로 된 정보를 얻기도 어려울 뿐만 아니라 탐정 윤리에도 위반된다.

심한 경우 탐정은 의뢰인의 목적에 이용당하는 일이 발생할 수도 있으므로 의뢰 중복의 의뢰 건은 수임하지 않도록 한다.

3) 조사 활동의 한계

탐정의 조사 활동은 강제 조사나 직접 조사를 할 수 있는 경찰이나 검찰과 달리 권한이 없다. 정보의 수집과 단서 등을 통해 자료를 수집하지만 수사권은 없다. 그러므로 탐정의 활동은 수사 활동이라 할 수 없고 조사 활동이라 하는 것이 올바른 표현이다.

탐정은 오로지 의뢰자의 정보를 토대로 스스로 사실관계를 조사해야 한다. 조사 대상자 역시 탐정의 업무 수행에 협조하거나 응하지 않는다고 법적제재를 받지 않는다. 조사 대상자의 협조하에 일부 직접조사는 가능하나 의뢰자가 제공하는 정보의 오류나 함정을 피할 수 있는 협조를 기대하는 것은 한계를 가진다.

THEORY AND PRACTICE OF DETECTIVE STUDIES

7장

탐정실무 8단계 프로세스

1. 의뢰인 미팅	127
2. 정보 수집	134
3. 조사 기획	135
4. 조사 착수	137
5. 채증 및 사실 확인 조사	138
6. 정보 전달	139
7. 법률 컨설팅	140
8. 정보 폐기	140

1. 의뢰인 미팅
: 의뢰인과의 라포 형성 및 수임 여부 판단.

1) 의뢰인의 절박한 마음을 이해할 수 있어야 한다.

의뢰인은 법률적 분쟁이나 공적, 사적 어려움에 봉착했을 때 가장 먼저 가까운 사람들에게 도움을 청하게 된다. 마땅한 도움을 받을 수 없게 되면 다음으로 경찰서, 변호사, 법무사 등의 공적 기관을 찾을 것이다.

그러나 단순한 사실관계 확인 등은 공권력 또는 법률 사무를 다루는 기관에서 다루지 못할 경우가 많다. 예를 들어, 민사소송에 필요한 증거를 직접 수집하여 변호사게 제출하는 일, 가출 및 실종자를 찾는 일 등에 있어 의뢰인의 기대 수준을 수사기관이 만족시키기 어렵기 때문이다.

그 외의 경우에서도 의뢰인은 다양한 어려움에 봉착할 수 있다. 이때,

사건과 관련한 전반적인 컨설팅과 문제해결을 함께 고민하며 해결해 줄 조력자를 찾게 되는데 탐정이 그 역할을 할 수 있다. 조력자를 찾는 의뢰인들의 공통된 특징은 다음과 같다.

첫째, 의뢰인의 일상에서 빈번히 일어나는 일이 아니라는 것이다. 문제해결을 위해 고민하기도 전에 정서적, 심리적으로 불안한 상태이다. 힘겨운 상황에 놓여 있는 의뢰인을 위해 일차적으로 심리적 안정감을 주는 노력이 필요하다. "살면서 이런 일을 겪을 줄 몰랐어요", "세상 누구에게도 말할 수 없어요" 이런 말들은 의뢰인이 탐정을 만났을 때 공통으로 하는 말이다.

둘째, 대부분의 의뢰인은 당사자가 직접 해결하려고 노력한다. 그다음으로 수사기관, 법률 전문가를 찾아가지만 한계를 경험하는 경우, 마지막으로 찾는 곳이 탐정사무소이다. 탐정에 대한 인식은 외국의 경우와는 다르게 아직까지도 부정적 인식이 대부분이다. 그러므로 탐정에 대한 바른 인식을 돕는 것도 탐정이 할 일이다.

2) 사건의 수임 가능 여부를 확인해야 한다.

탐정은 민·형사상 증거 수집이나 실종자·수배자 찾기, 기업 범죄 조사 등 다양한 업무를 현행법이 허용하는 한도 안에서 의뢰인과 협업하여 문제를 해결하는 조력자이다. 탐정이 사건 의뢰를 받을 때 반드시 주의해야 할 것은 다음과 같다.

첫째, 합법적이고 윤리적이며 공공의 이익에 부합하는 범주 안에서 사건을 위임받아야 한다. 의뢰인이 아무리 많은 수임료를 제시하더라도 탐정의 역할 범위를 벗어나는 의뢰 요구는 단호히 거절해야 한다.

실제 의뢰받았던 50대 성인 남자의 의뢰 내용이다. 의뢰인은 6개월간의 출장을 마치고 집에 돌아왔다. 집에 와보니 아내가 짐을 싸서 가출을 하였다고 한다. 의뢰인은 탐정에게 아내를 찾아달라고 의뢰해 왔다. 이러한 사건이 들어왔을 때 무조건 사건 해결에 착수하면 문제가 없을까?

탐정에게는 사건을 입체적으로 분석하고 추리할 능력이 요구된다. 6개월간의 출장을 마치고 돌아왔는데 50대 주부인 아내가 단순히 짐만 챙겨 무언가에 쫓기듯 가출하였다면 이는 상식적인 상황과는 다소 거리가 있어 보인다. 남편과 함께 살기를 원하지 않았다면 별거, 이혼 등의 방법이 있었음에도 불구하고 아내 본인의 짐만 꾸려 도망치듯 나간 상황이 이상한 것이다.

또한 의뢰인은 50대였는데 자녀에 대한 이야기는 한마디도 하지 않았다. 좀 더 시간을 갖고 밀착하여 상담을 한 결과 의뢰인과 가출한 여성 두 사람 모두 각각 가정이 있는 50대 유부남과 유부녀였다. 둘은 불륜관계로 오랜 기간 동거 중이었다. 의뢰인 남성은 여성에게 상습적으로 폭력을 휘둘렀고 이미 여러 번 경찰에 신고가 접수된 전적이 있다고 한다.

여성은 남성의 폭력을 피해 짐을 챙겨 도주하고 그때마다 남성은 소위 심부름센터를 통해 여성의 소재지를 찾아내 다시 동거생활을 이어 나갔으며 이러한 폭력이 반복된 것이다.

최초 사건을 의뢰받을 때 불법적이며 부도덕한 의도를 가지고 탐정에게 의뢰할 가능성을 배제하면 안 된다. 의뢰인과의 상세한 상담이 필요한 이유이다.

의뢰인이 말하는 내용의 전후 맥락과 내용의 통일성이 유지되는지 파악해야 한다. 예를 들어 처음에는 부인이라고 했다가 이후에는 여자 친구라고 말을 바꾸는 경우나 의뢰인의 말투나 어조에서 불안감이나 떨림이 있는지 민감하게 살펴보아 말의 거짓 유무를 파악해야 한다.

더불어 최대한 상세한 질문을 하여 객관적인 상황을 파악해야 하는데, 여기서 중요한 것은 여러 번 단어를 바꾸어 질문하면서 사실 여부를 탐색하는 것이다. 예를 들면, "좀 전에 말씀하신 분이 부인 맞으세요?" 이어서, "집 나간 분이 아이들 엄마 즉, 사모님 맞으신가요?"와 같이 같은 내용을 단어만 바꾸어 두세 번 반복해서 질문할 때 의뢰인의 대답 여부나 반응 태도를 살펴야 한다. 이는 궁극적으로 정확한 사실을 요청하는 과정이다.

의뢰인의 대답이 진실에서 멀어지거나 내용이 자꾸 바뀐다면 의심의 소지가 있으니, 다음과 같이 말해야 한다. "정확한 사실관계를 먼저 말씀을 해주셔야 사건의 수임 여부를 말씀드릴 수 있습니다". 이같이 단호하게 말하고 다시 대답을 회피하는 등 반응을 보인다면 절대로 사건을 수임받으면 안 된다.

사건을 의뢰하는 목적이나, 법적인 요건 등을 따지지 않고 금전적 수익을 목적으로 사건을 수임하게 되면 소위, 심부름센터로 전락할 수밖에 없다. 만일 의뢰인이 불순한 의도를 숨기고 사건을 의뢰하였는데 탐정이 이를 간파하지 못했다면 추후 큰 어려움과 법적 문제에 마주할 수 있다.

아래의 사건은 의뢰 단계에서 불순한 의도를 꼭 알아차려야 하는 좋은 본보기 사례가 될 것이다.

참조 사례 : 국제신문 2018-12-21 기사

「등촌동 살인사건 무엇? 이혼 후 GPS 추적, 전처 찾아가 살해」

피해자의 딸들이 공개한 아버지 사진. 피해자 딸들은 가해자인 아버지가 사회에서 영원히 격리돼야 한다고 주장했다. 피해자의 딸이자 가해자의 딸들이 가해자의 얼굴을 공개해 등촌동 살인사건이 관심을 받고 있었다.

이 사건은 2018년 10월 22일 서울특별시 강서구 등촌동에서 일어난 가정폭력이 살인이라는 형태로 일어난 것이다.

22일 오전 7시 16분경 "서울 강서구 등촌동의 한 아파트 주차장에 40대 여성이 흉기에 찔려 쓰러져 있다"는 신고가 접수됐다. 119 구급대가 현장에 도착했을 때 이미 피해 여성은 사망한 상태였으며, 목과 등을 수차례 흉기에 찔린 상처가 있었고, 근처에 범행에 사용된 것으로 추정되는 흉기가 떨어져 있었다.

피해 여성은 아파트 주민인 L씨(47세)로, 아침 운동을 하러 나가는 길에 살해됐다. 경찰이 아파트 CCTV를 분석한 결과, 사건 발생 시간은 22일 오전 4시 45분경으로 추정됐고 유력한 용의자로 L씨의 전남편 김○○씨(49세)를 지목했다.

김씨는 범행 후 도주, 길바닥에서 약물에 취한 채로 쓰러져 있다가 발견되었다. 그리고 보라매병원으로 옮겨져 치료를 받다가 신원이 밝혀졌고, 경찰은 22일 오후 9시 40분 경 동작구 보라매병원에서 전남편 김씨를 긴급체포했다.

10월 23일, 김씨는 경찰조사에서 "이혼 과정에서 쌓인 감정 문제로 살해했다"라며 범행을 시인했고, 경찰은 피의자 김씨를 살인 혐의로 구속영장을 신청했다.

조사 결과 피해자 L씨는 25년간 지속된 가정폭력의 피해자였으며, 세 딸 역시 가정폭력과 아동학대의 피해자였다. 결국 L씨는 가정폭력에 시달리다 못해 4년 전 김씨와 이혼한 상태였다. 이혼한 뒤 4년여 동안 전남편 김씨의 끊임없는 살해 협박과 스토킹으로 연락처와 주거 장소를 자주 바꾸었으나 소용없었다고 한다.

김씨는 접근금지명령을 받았지만, 전처 L씨가 도망치는 상황에서도 위치추적장치까지 차에 몰래 붙이거나 흥신소, 인터넷을 이용해 끈질기게 L씨를 추적하였다.

피해자의 딸들은 10월 23일 청와대 국민청원 게시판에 자신의 아버지를 사회에서 영원히 격리시켜 달라며 글을 올렸다.

둘째, 해결 가능성이 전혀 없음에도 금품을 받을 목적으로 사건 해결이 가능하다면서 의뢰비를 받는 일은 절대 없어야 한다. 형법상 사기죄로 처벌받을 수 있다.

탐정에게는 단순한 민·형사상 소송 증거 수집이나 사람 찾기 등의 사건뿐만 아니라 기상천외하고 다양한 사건들이 들어올 수 있다. 예를 들면, 수십 년 전에 사망한 부모님의 상속재산을 찾아달라거나 외국 은행의 비밀금고에 예치된 수백억의 재산을 찾아달라는 의뢰, 심지어 어떤 개인의 거래 은행과 잔액을 파악해 달라는 등 상상을 초월하는 의뢰가 들어올 수 있다. 이때 통상적으로 활동비 명목으로 착수금을 받고 사건이 해결되면 성공보수를 받는 경우가 많은데, 합법적 한도 내에서 할 수 없는 일이거나 어떤 방법을 동원해서도 해결할 수 없는 경우에는 아무리 많은 수임료를 제안하더라도 단호하게 거절해야 한다.

탐정의 업무 특성상 의뢰인과의 비밀스러운 계약 관계에서 시작해 은밀하게 진행된다는 점을 악용하여 이와 같은 부정한 행위를 한다면 법적인 책임뿐만 아니라 국내 탐정 발전에도 큰 장애 요소로 작용할 수 있음을 명심해야 한다.

2.
정보 수집

사건 해결을 위한 대부분의 솔루션은 의뢰인에게서 나온다. 경찰은 상관의 지휘를 받고 매뉴얼에 의해 수사를 진행한다. 내사 단계와 수사의 개시, 수사의 종결 등 형사소송법에서 규정하고 있는 법적 절차에 따라 진행하며 수사관 개인이 단독으로 행동하고 의사결정 하지 않는다.

하지만 탐정은 의뢰인의 조사 지휘를 받고 의뢰인과의 협업을 통해 의뢰인의 문제해결에 도움을 주는 조력자이다. 경찰이 국가의 보수를 받지만, 탐정은 의뢰인으로부터 수임료를 받는 사업가이다.

경찰은 공권력을 통해 수사하고 필요시 강제력도 행사할 수 있지만 탐정은 일반인과 같은 입장에서 사실을 탐지해야 하기 때문에 사건 해결의 중요 단서는 결국 의뢰인에게서 나올 수밖에 없다. 의뢰인과의 소통과 협업이 매우 중요한 이유이다.

의뢰인이 직접 여러 가지 문제해결 방법을 찾아보고 결국 해결하지 못할 때 탐정에게 사건을 의뢰하고 비용을 지급한다. 다시 말해 탐정과의 대면 미팅에서 자신이 해결할 수 없는 부분을 탐정이 해결해 줄 수 있을 거라는 확신이 섰을 때 비용을 지급하는 것이다. 따라서 외뢰인과의 미팅은 중요하다. 미팅에서 탐정은 의뢰인의 사건 해결 가능성을 타진하고 해결에 대한 로드맵을 제시해야 한다.

의뢰인에게 미팅은 탐정의 역량을 평가하는 시간이다. 미팅 시간은 각 탐정에 따라 다르지만, 일반적으로 1시간에서 길게는 서너 시간까지도 할애된다. 또한 사건을 맡아 진행 중에도 수시로 소통하며 여러 차례 대면 미팅이 이루어지기도 한다.

미팅을 통해 탐정은 양질의 질문과 상황에 대한 정확한 분석 능력을 바탕으로 사건을 해결할 수 있는 실마리를 찾아내야 한다. 의뢰인도 미처 생각하지 못한 단서들을 탐정은 찾아내야 한다. 그러면서도 의뢰인에게 100% 사건 해결이 가능하다는 등의 호언장담은 하지 말아야 한다.

의뢰인에게 최소 두 가지 이상의 해결 로드맵을 제시할 수 있어야 하며 각 로드맵의 해결 가능성에 대한 확률은 몇 퍼센트인지 합리적 수준에서 실현 가능성을 제시하도록 한다.

3. 조사 기획

: 사건의 특성을 분석하여 인력 배정, 투입 장비,
조사 방법, 조사 기간, 기타 준비 사항 등을 기획한다.

의뢰인 미팅을 통하여 자세한 사건 상황과 의뢰인이 필요로 하는 목적이 파악되었으면 사건 해결을 위해 조사 기획을 진행한다. 철저한 기획이 이루어져야 사건 해결의 가능성을 높일 수 있으며 사건 해결의 기간을 단축시키고 효율성을 극대화시켜 의뢰인에게 만족할 결과를 도출해낼 수 있다. 그러므로 조사 기획 단계는 매우 중요하다.

1) 인력 배정

사전 조사 단계에서 이루어지는 기초 조사, 공부 조사는 그에 대해 전문적 지식을 갖춘 인력을 우선 활용하여 진행한다.

　실외 근무나 차량 내 잠복 등에는 통상적으로 남자 요원이 여성 요원보다 적절한데, 장시간 잠복이나 운전 그리고 생리적 문제 해소 등에 보다 융통성 있게 대처할 수 있기 때문이다.

　반대로 쇼핑몰이나 여성 전문 상점 등 여성 요원의 투입이 필요한 경우도 적지않으니 상황별로 성별, 나이, 경험, 주특기에 따라 투입 계획을 세운다.

2) 투입 장비

단순한 사실 확인 조사나 사람을 찾는 업무에는 차량, 망원경, 간단한 위변장 도구 등 기본적인 장비만을 필요로 하지만 소송 증거 수집 등 채증이 필요한 경우에는 줌 기능이 탑재된 캠코더와 야간 적외선 촬영 장비 등을 구비해야 한다.

3) 조사 기간 및 기타 준비 사항

사전에 의뢰인과 협의된 기간에 맞춰 기획하되 통상적으로 기간이 연장될 수 있음을 미리 고지해야 한다.

소송 증거 수집의 경우에는 통상 7일에서 14일을 최초 수임받지만 증거수집의 유무와 수집량에 따라 최대 1개월까지 연장 진행하는 경우도 있으며, 수십억의 재산 분쟁이나 사건의 중함에 때라 수개월까지 진행하기도 한다.

특별한 경우를 제외하고 업무 중 발생하는 모든 진행 상황을 의뢰인에게 수시로 알리고 소통해야 하며 반드시 의뢰인과 함께 의사결정을 해야 한다. 또한 기획 단계에서 위의 모든 기획 내용을 의뢰인에게 알려야 한다.

4. 조사 착수

기획된 절차에 의해 순차적, 조직적, 체계적 조사를 진행한다. 기획된 절차에 의해 순차적으로 진행하되 탐정 업무의 특성상 대상의 동선과 상황이 항상 변동할 수 있음을 인식하고 요원 간의 실시간 소통 채널을 갖춘다.

상황에 따라 1인이나 2인 이상이 움직일 상황과 어느 요원이 투입되어야 하는지 등의 조직적인 작전 계획을 미리 세우고 사전에 충분히 예측 훈련해야 한다.

5.
채증 및 사실 확인 조사

사실 확인 과정에서 중요한 시점에 채증을 진행한다. 탐정 업무의 대부분은 사실 확인을 탐지하는 과정으로 이루어진다. 이러한 과정에서 탐문(인터뷰), 위·변장, 미행, 잠복, 잠입, 상황별 연기 등 여러 기술적 활동이 동반되며 위와 같은 활동들은 사건 현장의 상황에 따라 불규칙적이고 반복적으로 수행된다.

이러한 사실 확인 과정에서 중요한 증거를 발견했을 때 이를 촬영 장비에 기록하는 것이 매우 중요하다. 의뢰인에게 구두로 전달해도 되는 중요도가 낮은 내용은 상관이 없으나 소송 증거로 쓰일 결정적인 장면은 아무리 짧은 찰나일지라도 반드시 영상에 담아야 한다.

탐문, 위·변장, 미행, 잠복, 잠입, 상황별 연기 등 다양한 사실 확인 조사 과정이 탐정 활동의 대부분을 차지하지만, 결정적인 상황이 벌어졌을 때 증거를 촬영하는 단계는 매우 짧은 시간에 벌어졌다가 순식간에 사라지기 때문에 항상 집중력과 인내심을 가지고 임해야 한다.

대상의 행동 패턴 등을 미리 분석해서 다음 행위나 동선을 미리 추리 및 예측할 수 있다면 위와 같은 사실 확인 조사 활동에서 소비되는 수고를 어느 정도 덜어낼 수 있지만, 기본 원칙은 항상 집중력을 가지고 현장 활동에 임해야 한다는 것이다. 증거를 확보할 수 있는 순간은 자주 오지 않고 순식간에 사라진다는 것을 명심해야 한다.

6. 정보 전달

탐정이 수임하는 사건은 대부분 사실 확인 조사와 이에 따른 소송 증거 수집을 목적으로 한다. 이러한 사건의 패턴을 보면 부부간의 부정행위를 인지하고 이혼소송을 제기함에 있어서 배우자의 유책 증거를 은밀하게 잡아내야 하는 경우처럼 대부분 의뢰인과 피조사 대상자는 긴밀한 관계에 놓여있는 경우가 많다

재판에서 소송 증거로 사용되기 전까지는 철저하게 보안을 유지하며 이해 관계인의 비밀이 보장되어야 한다. 수집된 정보를 의뢰인에게 전달할 경우, 보안에 각별히 유의해야 의뢰인과 탐정 자신을 보호할 수 있다.

취재된 내용을 수집된 증거를 바탕으로 대중에게 보도하는 기자 활동과 정반대로 탐정이 채증한 자료들은 은밀하고 비밀스럽게 의뢰인에게 전달된다. 사건이 종결된 이후에는 탐정의 머릿속에서도 모든 정보를 삭

제해야 한다. 탐정은 의뢰인뿐만 아니라 피조사 대상자의 정보도 철저하게 보호해야 한다.

7.
법률 컨설팅

탐정은 로펌과 함께 업무를 진행하는 경우가 많다. 법률 전문가인 변호사와 현장 조사 전문가인 탐정이 협업하여 재판을 승소로 이끄는 사례들은 매우 이상적이다. 탐정이 채증한 소송 자료를 의뢰인에게 전달한 후에 변호사가 소송에 필요한 전반적인 법률 컨설팅과 소송 진행을 수행한다.

8.
정보 폐기

정보 전달 절차에서 이미 서술한 바와 같이 의뢰인과 피조사 대상자는 대부분 긴밀한 이해관계로 얽혀있다. 따라서 사건이 종결되고 의뢰인에게 결과를 전달한 이후에는 관련 정보를 완전히 폐기하여야 한다.

탐정 업무의 특성상 조사 활동 과정에서 의뢰인이나 피조사 대상자의 직업, 취미, 주변인 관계 등 수많은 사적인 정보를 의도치 않게 알게 되는데, 탐정은 이와 같은 개인정보를 절대로 소지 또는 보관하면 안 된다. 사건 종결과 함께 모든 정보를 반드시 폐기해야 한다.

8장

탐정업 관련 법률

1. 관련 기본법 ... 148
2. 탐정업 활동과 관련법 ... 156

탐정의 업무는 법에 위배되거나 금지되는 일을 해서는 안 되며 합법적 한도 내에서 업무 활동이 이루어져야 한다. 그러므로 탐정 업무에 있어서 주요 법률에 관한 지식 습득이 매우 중요하다. 법은 존재하는 형식에 따라 성문법과 불문법, 공법과 사법, 실체법과 절차법이 있다.

■ 성문법과 불문법

성문법은 일정한 입법 절차에 의해 문서의 형식을 갖춘 법이며 불문법은 문서의 형태를 갖추지 않은 법으로 관례법, 판례법 따위가 있다. 성문법과 불문법은 상호 보완의 관계로 공존하고 있다. 성문법의 종류에는 헌법, 법률, 명령, 조례, 규칙 등의 체계와 종류를 가지며 불문법에는 관습법, 판례법, 조리 등이 있다.

헌법은 국가의 모든 법규의 기본이 되는 법이며 법률은 헌법의 다음 단계로 입법 절차에 따라 제정하여 공포, 시행되는 법을 말한다. 즉 헌법의 내용을 바탕으로 법률을 제정하므로 법률은 헌법에 위반될 수 없는 것이다. 헌법에 위배되는 법률은 위헌 법률로 효력을 상실하게 된다. 다만 헌법에 이미 존재하는 법률은 국민을 대표하는 기관인 국회에서 제정된 것이므로 위반의 진위 이전에 존중되고 보호받아야 한다.

　법률이 위헌 법률처럼 보여도 헌법 정신에 부합되는 경우 위헌 판단이 아니라 합헌으로 판단해야 한다는 것이 합헌적 법률해석이다. 명령은 공법적 의무를 부과하는 것으로 행정부에서 만들어 국민의 사실상의 자유를 제한하는 처분으로 본다. 조례는 법률이 정한 범위 안에서 지방 자치 단체가 지방 의회의 의결을 거쳐 그 지방 사무에 관하여 제정하는 법이다. 규칙은 제정법의 한 형식으로 입법, 사법, 행정의 각 부에서 제정되며 각 처리 규칙 따위가 있고 지방의 자치 단체장이 제정한 자치 규범 또한 규칙에 해당된다.

　불문법에 해당하는 관습법은 사회생활에서 습관이나 관행이 굳어져서 법의 효력을 갖게 된 것으로 사회 구성원들의 법적 확신이 있다. 사회 질서와 선량한 풍속의 변하지 않는 관습이 단순한 예의적 또는 도덕적인 규범으로서 지켜질 뿐만 아니라, 사회의 법적 확신 내지 법적 인식을 수반하여 법의 차원으로 굳어진 것을 이른다.

　법은 국가의 강제력을 수반하는 사회 규범이다. 세계 어느 나라든 자국의 정치, 경제, 사회 질서 및 국민들의 권리와 의무에 대한 최소한의 윤리와 규범을 법으로 정하고 있다. 탐정의 업무 활동 또한 이에 준하는 사항을 지키면서 이루어져야 한다.

　탐정에게는 도덕성과 사회적 약속인 준법성에 대한 높은 의식 수준이 요구된다. 특히 탐정의 업무는 업무의 특성상 일반인의 권리와 권한 내에서 업무를 수행해야 하므로 현행 관련법에 대해 정확히 알고 있어야 한다.

■ **공법과 사법**

공법은 국가나 공공 단체 상호 간의 관계나 이들과 개인의 관계를 규정하는 법률로써 공권력의 상징이며 국가와 개인 간에는 개인의 가치가 인정되지 않는 비대등적, 수직적 법률관계에 놓인다. 하지만 20세기 복지국가 시대에는 공법과 사법이 혼합된 사회법의 개념이 등장하여 오늘날 공법, 사법, 사회법으로 나눈다.

사회법에는 노동법, 경계법, 사회보장법 등이 있다. 공법의 실체법으로는 헌법, 행정법, 형법, 민법 등이 절차법으로는 형사소송법, 민사소송법, 행정소송법 등이 있다.

사법은 개인 간의 사적 이익을 다루는 법으로써 개인과 개인은 수평적이고 대등한 관계에 놓인다. 개인의 가치가 인정되는 횡적인 법률관계이다. 사법에는 민법, 상법 등이 있다.

■ **실체법과 절차법**

실체법은 권리나 의무의 발생, 변경, 소멸, 성질, 내용, 범위 따위의 실체적 법률관계를 규정하는 법률이다. 실체법에는 헌법, 민법, 형법, 상법 등이 있다. 절차법은 권리의 실질적 내용을 실현하는 데 필요한 절차를 규정한 법이다. 절차법에는 민사소송법, 형사소송법, 부동산등기법, 행정소송법 등이 있다.

1.
관련 기본법

1) 헌법

헌법은 '국가 통치 체제의 기초에 관한 각종 근본 법규의 총체. 모든 국가의 법의 체계적 기초로서 국가의 조직, 구성 및 작용에 관한 근본법이며 다른 법률이나 명령으로써 변경할 수 없는 한 국가의 최고 법규'이다.

헌법의 내용으로는 인간의 존엄성과 가치를 추구하며 인간으로서 행복을 추구할 권리, 불합리한 차별을 받지 않을 평등할 권리, 신체의 자유와 거주·이전의 자유를 가질 권리, 직업 선택의 자유 권리, 사생활의 보호, 통신의 자유, 양심, 종교, 학문과 예술의 자유, 언론·출판·집회·결사의 자유, 재산권의 보장과 제한 등이 있다.

이밖에 인간답게 생활할 수 있는 보장에 대해 적극적 요구를 할 수 있는 생존권으로 교육받을 권리, 근로의 권리, 혼인 및 가족 모성에 관한 권리, 근로자 단결권·단체교섭권·단체행동권 등이 있다. 국민으로서 기본권이 침해되었을 경우 개인은 국가에 구제를 청구할 수 있는 권리가 있다. 청구할 수 있는 권리에는 청원권, 재판청구권, 형사 보상 청구권, 국가 배상 청구권, 손해 배상 청구권, 범죄 피해자 구조 청구권 등이 있다. 또한 국민은 국가의 정치 과정에 참여할 수 있는 권리로 선거권, 공무담임권(피선거권), 국민투표권 등이 있다. 이러한 권리는 법률에 따라 관련 민법, 형법, 민사소송법, 형사소송법 등의 기본법 등을 통해 구체적으로 실현되고 있다. 우르 나라의 헌법은 국회는 입법권, 대통령 수반의 정부는 행정권, 법원은 사법권을 가진다.

2) 민법 및 민사소송법

① 민법

민법은 인간의 기본적인 생활 관계를 규율하는 기본법이다. 총칙은 물권, 채권, 친족 등의 내용으로 구성되어 있어 탐정이 업무 수행 중에 의뢰인의 사인 간의 재산 곤련 분쟁이나 이혼, 친족 및 상속 등에 관한 의뢰 업무를 다루는 데 필수적인 법적 지식이다. 민법의 총칙은 모든 법률의 모태를 이루고 있다고 볼 수 있으며 재산 관계는 물권법, 채권법이 규율하고 가족관계는 친족법이 규율한다.

재산 관계와 가족관계가 중첩되는 영역에 상속법이 있다. 친족법과 상속법에서 당사자를 결정하는 기본 개념으로 친족 상속 관계가 있다. 친족 상속 관계는 친족의 정의, 친족의 범위, 가족의 범위 등을 규정하고 있으며 상속의 의미, 상속의 유형, 유언의 의미, 유언과 법정상속과의 관계, 유언의 방식, 비밀증서에 의한 유언, 구수 증서에 의한 유언, 유언의 효력과 무효 등의 내용을 담고 있다.

또한 이혼 관계는 배우자의 부정한 행위의 의미, 유책주의, 재판상 이혼의 효과, 재산분할청구권 및 재산분할의 대상, 채무, 위자료 청구권 등의 내용을 담고 있다. 따라서 탐정은 이러한 법률관계와 내용에 관한 지식을 갖추어야 한다. 이 외에 손해배상 분야를 들 수 있는데 손해배상의 내용에는 손해배상청구권의 유형으로 채무불이행을 원인으로 한 손해배상청구권, 불법행위를 원인으로 한 손해배상청구권 등이 있다. 이와 같은 손해배상 청구와 관련된 자료를 의뢰인이 의뢰할 경우 자료 수집 시 발생하는 민법상 손해배상 문제와 더불어 탐정의 고의나 과실로 인한 손해배상책임을 질 수도 있다는 점을 알아야 한다.

헌법은 국가의 가장 기본 되는 상위 규범이나 예외의 경우를 제외하고 각종 실정법은 대부분 민법을 기반으로 한다. 민법의 규율 사항은 특별한 한정 없이 일반적으로 적용되는 일반사법이다. 가령 국가 또는 지방자치단체도 국민과 대등한 관계로 법률관계를 형성하면 민법의 적용을 받게 된다. 민법은 특별사법에 규정이 없는 경우 적용된다. 이는 특별법이 일반법에 우선 적용되므로 상법, 어음법, 수표법 같은 특별사법이 민법에 우선 적용된다는 뜻이다. 그럼에도 불구하고 민법은 사법의 일반원칙을 정하므로 특별법 이해에 필수적이다.

민법은 권리 의무의 발생 및 소멸과 그 내용 기타 법률관계의 판단기준을 정하는 실체법에 속하며 권리관계를 확정하거나 실현하는 등 절차를 정하는 절차법에는 속하지 않는다. 여기에서 권리와 의무의 의미는 법률관계에서 법에 따라 보호되는 자와 법에 따라 구속되는 자의 관계로 보고 당사자 입장에서는 권리ㆍ의무의 관계로 나타난다.

권리란 '어떤 일을 행하거나 타인에 대하여 당연히 요구할 수 있는 힘이나 자격. 공권, 사권, 사회권'으로 일정한 이익을 누리게 하기 위한 법이 인정하는 힘이라는 권리법력설이 지배적이다. 의무란 의무자가 본인 의사와는 관계없이 일정 행위를 하거나 하지 말아야 할 법률상의 구속을 말한다. 권리의 종류어는 크게 경제적 이익을 목적으로 하는 법적인 권리, 인격적 이익을 내용으로 하는 권리, 가족 구성원 및 친족, 사원의 구성원들이 일정한 지위나 재산법상 권리와 의무를 승계하는 권리 등을 들 수 있다.

경제적 이익을 목적으르 하는 법적인 권리에는 첫째, 권리자가 물건, 기타 객체에 대한 배타적 권리로서의 물권으로 소유권, 점유권, 지상권, 저당권, 질권 등이 있다. 둘째, 채권자가 채무자에 대해 일정한 행위를 요구하는 내용의 권리로서 채권이 있다. 셋째, 정신적 또는 지능적 창조물을 독점할 권리의 지식재산권으로 특허권, 저작권, 의장권, 상표권, 디자인권 등이 여기에 속한다.

인격적 이익을 내용으로 하는 권리에는 생명, 자유, 신용, 신체, 명예와 관련된 내용이 있다. 가족 구성원 및 친족, 사원의 구성원들이 일정한 지위나 재산법상 권리와 의무를 승계하는 권리는 다음과 같다.

첫째, 친족권이다. 친족권은 친족관계에서 일정 지위에 따른 이익을 누리는 내용으로 친권 · 후견인 권리 · 배우자 권리 · 부양청구권 등이 있다.

둘째, 상속권이다. 상속권은 사망자의 재산법상 권리 · 의무를 상속인이 승계하는 권리로 재산상속권 · 유류분에 관한 권리 등이 있다.

셋째, 사원권이다. 사원권은 단체의 구성원이 그 지위로 단체에서 가지는 권리를 말한다. 민법상 사단법인 사원의 권리, 상법상 주식회사의 주주의 권리 등이 있다.

② 민사소송법

민사소송법은 민사소송법이라는 법률을 말하며 민사소송 제도를 규율하는 법규 일체를 말한다. 민사 관계가 이행되지 않을 때 민사소송의 법률적 절차를 규정하는 것이다. 민사소송법은 사법과 공법에서는 공법의 영역에 속하나 절차법과 실체법의 기준으로는 절차법이고 이 경우 사법의 절차법이 된다. 일반법과 특별법의 기준으로는 일반법에 속한다.

따라서 민사소송법은 공법, 사법의 절차법, 사법의 절차법의 일반법이다. 즉 탐정이 민사소송과 관련된 의뢰인의 의뢰 사건에 사실 증명을 위한 객관적 사실을 발견하고 확인한 뒤 이를 뒷받침할 수 있는 증거, 자료 등을 제공할 수 있어야 한다. 탐정은 민사와 관련한 법적 분쟁에 대비해 가압류, 가처분 절차와 소송절차를 정확히 알아야 한다.

3) 형법 및 형사소송법

㉠ 형법

형법은 죄와 벌을 규정한 법률이다. 죄가 되는 것은 무엇이고 죄에 대해서 어떠한 벌을 내릴 것인가에 관한 내용이다. 형법의 성격은 다음과 같다.

첫째, '○○한 자는 ○○한의 형에 처한다'와 같이 단언하거나 명령하지 않고 가설적 형태를 취하므로 가설 규범성을 가진다.

둘째, 일정 행위를 금하고 이를 행위의 기준으로 삼는다는 점에서 행위 규범성을 가진다.

셋째, 법관의 판단을 기준으로 삼는다는 측면에서 재판규범의 성격을 가진다.

넷째, 법가치에 반하는 행위에 대한 평가가 이루어진다는 점에서 평가규범의 성격을 가진다.

다섯째, 형법이 금하는 불법을 저지르면 안 된다는 의무를 부과한다는 점에서 의무 결정규범의 성격을 가진다. 즉 일반인에게는 행위규범, 의사결정규범으로 법관에게는 재판규범, 평가규범으로서 행위를 규제한다.

탐정의 업무는 의뢰된 사건에 대한 정보 수집과 조사 활동을 일반인의 권리만 가지고 수행하는 것이다. 그러므로 강제력 없는 활동은 제한적 요소가 많아 위법 상황에 놓일 수 있다. 예를 들면, 탐정이 탐정 업무 수행 과정에서 도청이나 추적 장치, 촬영 등으로 타인의 사생활을 침해했다고 보는 경우 형법상의 비밀침해죄 위반에 해당하며 형사 처분을 받을 수 있다. 누구든 타인이 주거하거나 관리하는 영역에 출입하기 위해서는 주거권자의 동의를 얻어야 한다. 그러나 탐정이 도청 장치를 설치하기 위해 손님으로 가장하여 음식점에 들어가거나 미행, 잠복의 업무를 수행하기 위해 타인의 사적 영역 혹은 출입 금지 시간의 터미널 대합실 등에 들어갔다면 주거침입죄에 해당하며 형사 처분을 받을 수 있다.

탐정이 합법적으로 타인의 주거 · 관리 영역에 들어갔더라도 정당한 퇴거 요구에 불응하면 퇴거불응죄에 해당된다. 또한 탐정이 무단 침입하여(주거침입죄) 수색하는 경우 주거 · 신체수색죄에 해당한다. 주거 · 신체수색죄는 주거침입죄의 처벌보다 무겁다.

단, 탐정이 주거에 들어가지 않고 밖에서 망원경이나 카메라 등을 통해 주거를 수색하는 경우에는 주거 · 신체수색죄에 해당하지 않는다. 그리고 탐정이 감시 대상자에게 미행 중 발각되어 감시 대상자에게 해악을 고지함으로써 감시 대상자가 공포심을 느꼈다고 하면 협박죄에 해당한다. 탐정이 의뢰인이나 의뢰 대상자의 약점을 이용하여 금품을 갈취할 경우는 공갈죄에 해당한다.

② **형사소송법**
형사소송법은 형법을 적용하고 실현하기 위한 형사소송의 절차를 규정한 법률을 말한다. 형사소송법은 증거에 따라 사실의 인정을 하여야 한다는 태도를 가진다. 증거의 증명력은 법관 자유판단에 의하고 위법으로 수집한 증거는 배제한다.

즉 증거재판주의로서 증거에 의한 재판을 한다. 당사자의 증거 수집이 사건에 결정적 증거로 작용될 수 있다. 그러므로 피의자나 피고인은 자신의 입장에서 사실관계 확인 및 증거 자료 수집을 의뢰할 수 있다. 이때 탐정은 위법으로 수집한 증거는 증거로 사용할 수 없기 때문에 절차와

규칙을 지켜 수집해야만 증거로 사용이 가능하다. 따라서 증거의 확인 절차를 잘 알아야 한다.

③증거

증거란 법원이 재판의 기초가 될 사실을 인정하는 데 필요로 하는 재료이다. 증거에는 인적증거와 물적증거 등이 있으며 증거에 의해 사실관계가 확인되는 과정을 증명이라 한다. 증거가 증명의 자료로 사용될 수 있는 법률상의 자격을 증거능력이라고 하며 주요사실을 증명하는 증거의 실질적 가치를 증명력이라 한다.

민법에서는 증거의 가치를 법관의 자유로운 판단에 맡기는데 이를 자유심증주의라 한다. 형법에서는 증거로서 자격이 없는 것은 증명력이 있다고 해도 증거로 채택하지 않는 증거재판주의를 채택하고 있다.

증거의 종류에는 직접증거와 간접증거, 인증·물증·서증, 진술증거·비진술증거 등이 있다. 직접증거란 자백, 목격자의 증언 등 주요사실을 직접 증명하는 증거를 말한다. 간접증거란 어떠한 일정의 사실인정과 그로부터 주요사실을 간접 추인하는 정황이나 간접증거를 말한다. 인증은 사람이 진술한 내용이 증거가 되는 것을 말한다. 물증은 물건의 존재나 상태가 증거가 되는 것을 말한다. 서증이란 서류, 서면 등이 증거가 되는 것을 말한다. 진술증거란 사람이 진술한 내용이 증거가 되는 것이며 진술증거에는 진술과 진술을 기재한 서면이 있다. 비진술증거란 진술을 내용으로 하지 않는 서면과 물적인 증거 등을 말한다.

2. 탐정업 활동과 관련법

1) 개인정보 보호 관련 법률

개인정보보호법의 목적과 정의는 다음과 같다.

> 제1장 총칙
>
> 제1조(목적) 이 법은 개인정보의 처리 및 보호에 관한 사항을 정함으로써 개인의 자유와 권리를 보호하고, 나아가 개인의 존엄과 가치를 구현함을 목적으로 한다. <개정 2014. 3. 24.>
>
> 제2조(정의) 이 법에서 사용하는 용어의 뜻은 다음과 같다. <개정 2014. 3. 24. 2020. 2. 4.>
>   1. "개인정보"란 살아 있는 개인에 관한 정보로서 다음 각 목의 어느 하나에 해당하는 정보를 말한다.
>   가. 성명, 주민등록번호 및 영상 등을 통하여 개인을 알아볼 수 있는 정보
>   나. 해당 정보만으로는 특정 개인을 알아볼 수 없더라도 다른 정보와 쉽게 결합하여 알아볼 수 있는 정보. 이 경우 쉽게 결합할 수 있는지 여부는 다른 정보의 입수 가능성 등 개인을 알아보는 데 소요되는 시간, 비용, 기술 등을 합리적으로 고려하여야 한다.
>   다. 가목 또는 나목을 제1호의2에 따라 가명 처리함으로써 원

래의 상태로 복원하기 위한 추가 정보의 사용·결합 없이는 특정 개인을 알아볼 수 없는 정보(이하 "가명정보"라 한다)

1의2. "가명처리"란 개인정보의 일부를 삭제하거나 일부 또는 전부를 대체하는 등의 방법으로 추가 정보가 없이는 특정 개인을 알아볼 수 없도록 처리하는 것을 말한다.

2. "처리"란 개인정보의 수집, 생성, 연계, 연동, 기록, 저장, 보유, 가공, 편집, 검색, 출력, 정정(訂正), 복구, 이용, 제공, 공개, 파기(破棄), 그밖에 이와 유사한 행위를 말한다.

3. "정보주체"란 처리되는 정보에 의하여 알아볼 수 있는 사람으로서 그 정보의 주체가 되는 사람을 말한다.

4. "개인정보파일"이란 개인정보를 쉽게 검색할 수 있도록 일정한 규칙에 따라 체계적으로 배열하거나 구성한 개인정보의 집합물(集合物)을 말한다.

5. "개인정보처리자"탄 업무를 목적으로 개인정보파일을 운용하기 위하여 스스로 또는 다른 사람을 통하여 개인정보를 처리하는 공공기관, 법인, 단체 및 개인 등을 말한다.

6. "공공기관"이란 다음 각 목의 기관을 말한다.

----- 중략 -----

7. "영상정보처리기기"란 일정한 공간에 지속적으로 설치되어 사람 또는 사물의 영상 등을 촬영하거나 이를 유·무선망을 통하여 전송하는 장치로서 다통령령으로 정하는 장치를 말한다.

> 8. "과학적 연구"란 기술의 개발과 실증, 기초연구, 응용연구 및 민간 투자 연구 등 과학적 방법을 적용하는 연구를 말한다.

개인정보보호법의 목적과 정의는 다음과 같다.

> 제3조(개인정보 보호 원칙)
> ① 개인정보처리자는 개인정보의 처리 목적을 명확하게 하여야 하고 그 목적에 필요한 범위에서 최소한의 개인정보만을 적법하고 정당하게 수집하여야 한다.
>
> ② 개인정보처리자는 개인정보의 처리 목적에 필요한 범위에서 적합하게 개인정보를 처리하여야 하며, 그 목적 외의 용도로 활용하여서는 아니 된다.
>
> ③ 개인정보처리자는 개인정보의 처리 목적에 필요한 범위에서 개인정보의 정확성, 완전성 및 최신성이 보장되도록 하여야 한다.
>
> ④ 개인정보처리자는 개인정보의 처리 방법 및 종류 등에 따라 정보주체의 권리가 침해받을 가능성과 그 위험 정도를 고려하여 개인정보를 안전하게 관리하여야 한다.
>
> ⑤ 개인정보처리자는 개인정보 처리방침 등 개인정보의 처리에 관한 사항을 공개하여야 하며, 열람청구권 등 정보주체의 권리를 보장하여야 한다.

⑥ 개인정보처리자는 정보주체의 사생활 침해를 최소화하는 방법으로 개인정보를 처리하여야 한다.

⑦ 개인정보처리자는 개인정보를 익명 또는 가명으로 처리하여도 개인정보 수집 목적을 달성할 수 있는 경우 익명처리가 가능한 경우에는 익명에 의하여, 익명처리로 목적을 달성할 수 없는 경우에는 가명에 의하여 처리될 수 있도록 하여야 한다. <개정 2020. 2. 4.>

⑧ 개인정보처리자는 이 법 및 관계 법령에서 규정하고 있는 책임과 의무를 준수하고 실천함으로써 정보주체의 신뢰를 얻기 위하여 노력하여야 한다.

정보주체의 권리는 다음과 같다.

제4조(정보주체의 권리)
정보주체는 자신의 개인정보 처리와 관련하여 다음 각 호의 권리를 가진다.

1. 개인정보의 처리에 관한 정보를 제공받을 권리

2. 개인정보의 처리에 관한 동의 여부, 동의 범위 등을 선택하고 결정할 권리

3. 개인정보의 처리 여부를 확인하고 개인정보에 대하여 열람(사본의 발급을 포함한다. 이하 같다)을 요구할 권리

4. 개인정보의 처리 정지, 정정·삭제 및 파기를 요구할 권리

> 5. 개인정보의 처리로 인하여 발생한 피해를 신속하고 공정한 절차에 따라 구제받을 권리

개인정보의 수집·이용은 다음과 같다.

> 제15조(개인정보의 수집·이용)
> ① 개인정보처리자는 다음 각 호의 어느 하나에 해당하는 경우에는 개인정보를 수집할 수 있으며 그 수집 목적의 범위에서 이용할 수 있다.<개정 2023. 3. 14.>
> 1. 정보주체의 동의를 받은 경우
> 2. 법률에 특별한 규정이 있거나 법령상 의무를 준수하기 위하여 불가피한 경우
> 3. 공공기관이 법령 등에서 정하는 소관 업무의 수행을 위하여 불가피한 경우
> 4. 정보주체와 체결한 계약을 이행하거나 계약을 체결하는 과정에서 정보주체의 요청에 따른 조치를 이행하기 위하여 필요한 경우
> 5. 명백히 정보주체 또는 제3자의 급박한 생명, 신체, 재산의 이익을 위하여 필요하다고 인정되는 경우
> 6. 개인정보처리자의 정당한 이익을 달성하기 위하여 필요한 경우로서 명백하게 정보주체의 권리보다 우선하는 경우. 이 경우 개인정보처리자의 정당한 이익과 상당한 관련이 있고 합리적인 범

위를 초과하지 아니하는 경우에 한한다.

7. 공중위생 등 공공의 안전과 안녕을 위하여 긴급히 필요한 경우

② 개인정보처리자는 제1항제1호에 따른 동의를 받을 때에는 다음 각 호의 사항을 정보주체에게 알려야 한다. 다음 각 호의 어느 하나의 사항을 변경하는 경우에도 이를 알리고 동의를 받아야 한다.

1. 개인정보의 수집 · 이용 목적

2. 수집하려는 개인정보의 항목

3. 개인정보의 보유 및 이용 기간

4. 동의를 거부할 권리가 있다는 사실 및 동의 거부에 따른 불이익이 있는 경우에는 그 불이익의 내용

③ 개인정보처리자는 당초 수집 목적과 합리적으로 관련된 범위에서 정보주체에게 불이익이 발생하는지 여부, 암호화 등 안전성 확보에 필요한 조치를 하였는지 등을 고려하여 대통령령으로 정하는 바에 따라 정보주체의 동의 없이 개인정보를 이용할 수 있다. <신설 2020. 2. 4.>

개인정보의 수집 제한은 다음과 같다.

제16조(개인정보의 수집 제한)
① 개인정보처리자는 제15조제1항 각 호의 어느 하나에 해당하여 개

인정보를 수집하는 경우에는 그 목적에 필요한 최소한의 개인정보를 수집하여야 한다. 이 경우 최소한의 개인정보 수집이라는 입증책임은 개인정보처리자가 부담한다.

② 개인정보처리자는 정보주체의 동의를 받아 개인정보를 수집하는 경우 필요한 최소한의 정보 외의 개인정보 수집에는 동의하지 아니할 수 있다는 사실을 구체적으로 알리고 개인정보를 수집하여야 한다. <신설 2013. 8. 6.>

③ 개인정보처리자는 정보주체가 필요한 최소한의 정보 외의 개인정보 수집에 동의하지 아니한다는 이유로 정보주체에게 재화 또는 서비스의 제공을 거부하여서는 아니 된다. <개정 2013. 8. 6.>

개인정보의 제공은 다음과 같다.

제17조(개인정보의 제공)
① 개인정보처리자는 다음 각 호의 어느 하나에 해당되는 경우에는 정보주체의 개인정보를 제3자에게 제공(공유를 포함한다. 이하 같다)할 수 있다. <개정 2020. 2. 4., 2023. 3. 14>

1. 정보주체의 동의를 받은 경우
2. 제15조제1항제2호, 제3호 및 제5호부터 제7호까지에 따라 개인정보를 수집한 목적 범위에서 개인정보를 제공하는 경우

② 개인정보처리자는 제1항제1호에 따른 동의를 받을 때에는 다음 각 호의 사항을 정보주체에게 알려야 한다. 다음 각 호의 어느 하나의 사항을 변경하는 경우에도 이를 알리고 동의를 받아야 한다.

1. 개인정보를 제공받는 자

2. 개인정보를 제공받는 자의 개인정보 이용 목적

3. 제공하는 개인정보의 항목

4. 개인정보를 제공받는 자의 개인정보 보유 및 이용 기간

5. 동의를 거부할 권리가 있다는 사실 및 동의 거부에 따른 불이익이 있는 경우에는 그 불이익의 내용

③ 삭제 <2023. 3. 14.>

④ 개인정보처리자는 당초 수집 목적과 합리적으로 관련된 범위에서 정보주체에게 불이익이 발생하는지 여부, 암호화 등 안전성 확보에 필요한 조치를 하였는지 여부 등을 고려하여 대통령령으로 정하는 바에 따라 정보주체의 동의 없이 개인정보를 제공할 수 있다. <신설 2020. 2. 4.>

개인정보의 목적 외 이용ㆍ제공 제한은 다음과 같다.

제18조(개인정보의 목적 외 이용ㆍ제공 제한)
① 개인정보처리자는 개인정보를 제15조제1항에 따른 범위를 초과

하여 이용하거나 제17조제1항 및 제28조의8제1항에 따른 범위를 초과하여 제3자에게 제공하여서는 아니 된다. <개정 2020. 2. 4., 2023. 3. 14.>

② 제1항에도 불구하고 개인정보처리자는 다음 각 호의 어느 하나에 해당하는 경우에는 정보주체 또는 제3자의 이익을 부당하게 침해할 우려가 있을 때를 제외하고는 개인정보를 목적 외의 용도로 이용하거나 이를 제3자에게 제공할 수 있다. 다만, 제5호부터 제9호까지에 따른 경우는 공공기관의 경우로 한정한다. <개정 2020. 2. 4., 2023. 3. 14.>

1. 정보주체로부터 별도의 동의를 받은 경우

2. 다른 법률에 특별한 규정이 있는 경우

3. 명백히 정보주체 또는 제3자의 급박한 생명, 신체, 재산의 이익을 위하여 필요하다고 인정되는 경우

4. 삭제 <2020. 2. 4.>

5. 개인정보를 목적 외의 용도로 이용하거나 이를 제3자에게 제공하지 아니하면 다른 법률에서 정하는 소관 업무를 수행할 수 없는 경우로서 보호위원회의 심의·의결을 거친 경우

6. 조약, 그 밖의 국제협정의 이행을 위하여 외국정부 또는 국제기구에 제공하기 위하여 필요한 경우

7. 범죄의 수사와 공소의 제기 및 유지를 위하여 필요한 경우

8. 법원의 재판업무 수행을 위하여 필요한 경우

9. 형(刑) 및 감호, 보호처분의 집행을 위하여 필요한 경우

10. 공중위생 등 공공의 안전과 안녕을 위하여 긴급히 필요한 경우

③ 개인정보처리자는 제2항제1호에 따른 동의를 받을 때에는 다음 각 호의 사항을 정보주체에게 알려야 한다. 다음 각 호의 어느 하나의 사항을 변경하는 경우에도 이를 알리고 동의를 받아야 한다.

1. 개인정보를 제공받는 자

2. 개인정보의 이용 목적(제공 시에는 제공받는 자의 이용 목적을 말한다)

3. 이용 또는 제공하는 개인정보의 항목

4. 개인정보의 보유 및 이용 기간(제공 시에는 제공받는 자의 보유 및 이용 기간을 말한다)

5. 동의를 거부할 권리가 있다는 사실 및 동의 거부에 따른 불이익이 있는 경우에는 그 불이익의 내용

④ 공공기관은 제2항제2호부터 제6호까지, 제8호부터 제10호까지에 따라 개인정보를 목적 외의 용도로 이용하거나 이를 제3자에게 제공하는 경우에는 그 이용 또는 제공의 법적 근거, 목적 및 범위 등에 관하여 필요한 사항을 보호위원회가 고시로 정하는 바에 따라 관보 또는 인터넷 홈페이지 등에 게재하여야 한다. <개정 2013. 3. 23., 2014. 11. 19., 2017. 7. 26., 2020. 2. 4., 2023. 3. 14.>

⑤ 개인정보처리자는 제2항 각 호의 어느 하나의 경우에 해당하여 개인정보를 목적 외의 용도로 제3자에게 제공하는 경우에는 개인정보를 제공받는 자에게 이용 목적, 이용 방법, 그밖에 필요한 사항에

> 대하여 제한을 하거나, 개인정보의 안전성 확보를 위하여 필요한 조치를 마련하도록 요청하여야 한다. 이 경우 요청을 받은 자는 개인정보의 안전성 확보를 위하여 필요한 조치를 하여야 한다.
>
> [제목개정 2013. 8. 6.]

개인정보의 목적 외 이용·제공 제한은 다음과 같다.

> 제19조(개인정보를 제공받은 자의 이용·제공 제한)
> 개인정보처리자로부터 개인정보를 제공받은 자는 다음 각 호의 어느 하나에 해당하는 경우를 제외하고는 개인정보를 제공받은 목적 외의 용도로 이용하거나 이를 제3자에게 제공하여서는 아니 된다.
>
>   1. 정보주체로부터 별도의 동의를 받은 경우
>   2. 다른 법률에 특별한 규정이 있는 경우

동의를 받는 방법은 다음과 같다.

> 제22조(동의를 받는 방법)
> ① 개인정보처리자는 이 법에 따른 개인정보의 처리에 대하여 정보주체(제22조의2제1항에 따른 법정대리인을 포함한다. 이하 이 조에서 같다)의 동의를 받을 때에는 각각의 동의 사항을 구분하여 정보주체가 이를 명확하게 인지할 수 있도록 알리고 동의를 받아야 한다. 이 경우 다음 각 호의 경우에는 동의 사항을 구분하여 각각 동

의를 받아야 한다. <개정 2017. 4. 18., 2023. 3. 14.>

1. 제15조제1항제1호에 따라 동의를 받는 경우
2. 제17조제1항제1호에 따라 동의를 받는 경우
3. 제18조제2항제1호에 따라 동의를 받는 경우
4. 제19조제1호에 따라 동의를 받는 경우
5. 제23조제1항제1호에 따라 동의를 받는 경우
6. 제24조제1항제1호에 따라 동의를 받는 경우
7. 재화나 서비스를 홍보하거나 판매를 권유하기 위하여 개인정보의 처리에 대한 동의를 받으려는 경우
8. 그밖에 정보주체를 보호하기 위하여 동의 사항을 구분하여 동의를 받아야 할 필요가 있는 경우로서 대통령령으로 정하는 경우

② 개인정보처리자는 제1항의 동의를 서면(「전자문서 및 전자거래 기본법」 제2조제1호에 따른 전자문서를 포함한다)으로 받을 때에는 개인정보의 수집·이용 목적, 수집·이용하려는 개인정보의 항목 등 대통령령으로 정하는 중요한 내용을 보호위원회가 고시로 정하는 방법에 따라 명확히 표시하여 알아보기 쉽게 하여야 한다. <신설 2017. 4. 18., 2017. 7. 26., 2020. 2. 4.>

③ 개인정보처리자는 정보주체의 동의 없이 처리할 수 있는 개인정보에 대해서는 그 항목과 처리의 법적 근거를 정보주체의 동의를 받아 처리하는 개인정보와 구분하여 제30조제2항에 따라 공개하거나 전자우편 등 대통령령으로 정하는 방법에 따라 정보주체에게 알

려야 한다. 이 경우 동의 없이 처리할 수 있는 개인정보라는 입증 책임은 개인정보처리자가 부담한다. <개정 2016. 3. 29., 2017. 4. 18., 2023. 3. 14.>

④ 삭제 <2023. 3. 14.>

⑤ 개인정보처리자는 정보주체가 선택적으로 동의할 수 있는 사항을 동의하지 아니하거나 제1항제3호 및 제7호에 따른 동의를 하지 아니한다는 이유로 정보주체에게 재화 또는 서비스의 제공을 거부하여서는 아니 된다. <개정 2017. 4. 18., 2023. 3. 14.>

⑥ 삭제 <2023. 3. 14.>

⑦ 제1항부터 제5항까지 규정한 사항 외에 정보주체의 동의를 받는 세부적인 방법에 관하여 필요한 사항은 개인정보의 수집 매체 등을 고려하여 대통령령으로 정한다. <개정 2017. 4. 18., 2023. 3. 14.>

민감정보의 처리 제한은 다음과 같다.

제2절 개인정보의 처리 제한
제23조(민감정보의 처리 제한)
① 개인정보처리자는 사상·신념, 노동조합·정당의 가입·탈퇴, 정치적 견해, 건강, 성생활 등에 관한 정보, 그밖에 정보주체의 사생활을 현저히 침해할 우려가 있는 개인정보로서 대통령령으로 정하는

정보(이하 "민감정보"라 한다)를 처리하여서는 아니 된다. 다만, 다음 각 호의 어느 하나에 해당하는 경우에는 그러하지 아니하다. <개정 2016. 3. 29.>

1. 정보주체에게 제15조제2항 각 호 또는 제17조제2항 각 호의 사항을 알리고 다른 개인정보의 처리에 대한 동의와 별도로 동의를 받은 경우
2. 법령에서 민감정보의 처리를 요구하거나 허용하는 경우

② 개인정보처리자가 제1항 각 호에 따라 민감정보를 처리하는 경우에는 그 민감정보가 분실·도난·유출·위조·변조 또는 훼손되지 아니하도록 제29조에 따른 안전성 확보에 필요한 조치를 하여야 한다. <신설 2016. 3. 29.>

③ 개인정보처리자는 재화 또는 서비스를 제공하는 과정에서 공개되는 정보에 정보주체의 민감정보가 포함됨으로써 사생활 침해의 위험성이 있다고 판단하는 때에는 재화 또는 서비스의 제공 전에 민감정보의 공개 가능성 및 비공개를 선택하는 방법을 정보주체가 알아보기 쉽게 알려야 한다. <신설 2023. 3. 14.>

고정형 영상정보처리기기의 설치·운영 제한은 다음과 같다.

제25조(고정형 영상정보처리기기의 설치·운영 제한) ① 누구든지 다음 각 호의 경우를 제외하고는 공개된 장소에 고정형 영상정보처리기

기를 설치·운영하여서는 아니 된다. <개정 2023. 3. 14.>

   1. 법령에서 구체적으로 허용하고 있는 경우

   2. 범죄의 예방 및 수사를 위하여 필요한 경우

   3. 시설의 안전 및 관리, 화재 예방을 위하여 정당한 권한을 가진 자가 설치·운영하는 경우

   4. 교통단속을 위하여 정당한 권한을 가진 자가 설치·운영하는 경우

   5. 교통정보의 수집·분석 및 제공을 위하여 정당한 권한을 가진 자가 설치·운영하는 경우

   6. 촬영된 영상정보를 저장하지 아니하는 경우로서 대통령령으로 정하는 경우

② 누구든지 불특정 다수가 이용하는 목욕실, 화장실, 발한실(發汗室), 탈의실 등 개인의 사생활을 현저히 침해할 우려가 있는 장소의 내부를 볼 수 있도록 고정형 영상정보처리기기를 설치·운영하여서는 아니 된다. 다만, 교도소, 정신보건 시설 등 법령에 근거하여 사람을 구금하거나 보호하는 시설로서 대통령령으로 정하는 시설에 대하여는 그러하지 아니하다. <개정 2023. 3. 14.>

③ 제1항 각 호에 따라 고정형 영상정보처리기기를 설치·운영하려는 공공기관의 장과 제2항 단서에 따라 고정형 영상정보처리기기를 설치·운영하려는 자는 공청회·설명회의 개최 등 대통령령으로 정하는 절차를 거쳐 관계 전문가 및 이해관계인의 의견을 수렴하여야 한다. <개정 2023. 3. 14.>

④ 제1항 각 호에 따라 고정형 영상정보처리기기를 설치·운영하는 자(이하 "고정형영상정보처리기기운영자"라 한다)는 정보주체가 쉽게 인식할 수 있도록 다음 각 호의 사항이 포함된 안내판을 설치하는 등 필요한 조치를 하여야 한다. 다만, 「군사기지 및 군사시설 보호법」 제2조제2호에 따른 군사시설, 「통합방위법」 제2조제13호에 따른 국가중요시설, 그밖에 대통령령으로 정하는 시설의 경우에는 그러하지 아니하다. <개정 2016. 3. 29., 2023. 3. 14.>

1. 설치 목적 및 장소

2. 촬영 범위 및 시간

3. 관리 책임자의 연락처

4. 그밖에 대통령령으로 정하는 사항

⑤ 고정형영상정보처리기기운영자는 고정형 영상정보처리기기의 설치 목적과 다른 목적으로 고정형 영상정보처리기기를 임의로 조작하거나 다른 곳을 비춰서는 아니 되며, 녹음기능은 사용할 수 없다. <개정 2023. 3. 14.>

⑥ 고정형영상정보처리기기운영자는 개인정보가 분실·도난·유출·위조·변조 또는 훼손되지 아니하도록 제29조에 따라 안전성 확보에 필요한 조치를 하여야 한다. <개정 2015. 7. 24., 2023. 3. 14.>

⑦ 고정형영상정보처리기기운영자는 대통령령으로 정하는 바에 따라 고정형 영상정보처리기기 운영·관리 방침을 마련하여야 한다. 다만, 제30조에 따른 개인정보 처리방침을 정할 때 고정형 영상정보

> 처리기기 운영·관리에 관한 사항을 포함시킨 경우에는 고정형 영상정보처리기기 운영·관리 방침을 마련하지 아니할 수 있다. <개정 2023. 3. 14.>
>
> ⑧ 고정형영상정보처리기기운영자는 고정형 영상정보처리기기의 설치·운영에 관한 사무를 위탁할 수 있다. 다만, 공공기관이 고정형 영상정보처리기기 설치·운영에 관한 사무를 위탁하는 경우에는 대통령령으로 정하는 절차 및 요건에 따라야 한다. <개정 2023. 3. 14.>
>
> [제목개정 2023. 3. 14.]

이동형 영상정보처리기기의 설치·운영 제한은 다음과 같다.

> 제25조의2(이동형 영상정보처리기기의 운영 제한)
> ① 업무를 목적으로 이동형 영상정보처리기기를 운영하려는 자는 다음 각 호의 경우를 제외하고는 공개된 장소에서 이동형 영상정보처리기기로 사람 또는 그 사람과 관련된 사물의 영상(개인정보에 해당하는 경우로 한정한다. 이하 같다)을 촬영하여서는 아니 된다.
>
> 1. 제15조제1항 각 호의 어느 하나에 해당하는 경우
>
> 2. 촬영 사실을 명확히 표시하여 정보주체가 촬영 사실을 알 수 있도록 하였음에도 불구하고 촬영 거부 의사를 밝히지 아니한 경우. 이 경우 정보주체의 권리를 부당하게 침해할 우려가 없고 합리적인 범위를 초과하지 아니하는 경우로 한정한다.
>
> 3. 그밖에 제1호 및 제2호에 준하는 경우로서 대통령령으로 정하는

경우

② 누구든지 불특정 다수가 이용하는 목욕실, 화장실, 발한실, 탈의실 등 개인의 사생활을 현저히 침해할 우려가 있는 장소의 내부를 볼 수 있는 곳에서 이동형 영상정보처리기기로 사람 또는 그 사람과 관련된 사물의 영상을 촬영하여서는 아니 된다. 다만, 인명의 구조·구급 등을 위하여 필요한 경우로서 대통령령으로 정하는 경우에는 그러하지 아니하다.

③ 제1항 각 호에 해당하여 이동형 영상정보처리기기로 사람 또는 그 사람과 관련된 사물의 영상을 촬영하는 경우에는 불빛, 소리, 안내판 등 대통령령으로 정하는 바에 따라 촬영 사실을 표시하고 알려야 한다.

④ 제1항부터 제3항까지에서 규정한 사항 외에 이동형 영상정보처리기기의 운영에 관하여는 제25조제6항부터 제8항까지의 규정을 준용한다.

[본조신설 2023. 3. 14.]

개인정보의 안전조치의무는 다음과 같다.

제4장 개인정보의 안전한 관리
제29조(안전조치의무) 개인정보처리자는 개인정보가 분실·도난·유출·위조·변조 또는 훼손되지 아니하도록 내부 관리계획 수

립, 접속기록 보관 등 대통령령으로 정하는 바에 따라 안전성 확보에 필요한 기술적·관리적 및 물리적 조치를 하여야 한다. <개정 2015. 7. 24.>

개인정보 유출 통지 등은 다음과 같다.

제34조(개인정보 유출 등의 통지·신고) ① 개인정보처리자는 개인정보가 분실·도난·유출(이하 이 조에서 "유출등"이라 한다)되었음을 알게 되었을 때에는 지체 없이 해당 정보주체에게 다음 각 호의 사항을 알려야 한다. 다만, 정보주체의 연락처를 알 수 없는 경우 등 정당한 사유가 있는 경우에는 대통령령으로 정하는 바에 따라 통지를 갈음하는 조치를 취할 수 있다. <개정 2023. 3. 14.>

1. 유출 등이 된 개인정보의 항목

2. 유출 등이 된 시점과 그 경위

3. 유출 등으로 인하여 발생할 수 있는 피해를 최소화하기 위하여 정보주체가 할 수 있는 방법 등에 관한 정보

4. 개인정보처리자의 대응조치 및 피해 구제절차

5. 정보주체에게 피해가 발생한 경우 신고 등을 접수할 수 있는 담당 부서 및 연락처

② 개인정보처리자는 개인정보가 유출 등이 된 경우 그 피해를 최소화하기 위한 대책을 마련하고 필요한 조치를 하여야 한다. <개정

2023. 3. 14.>

③ 개인정보처리자는 가인정보의 유출 등이 있음을 알게 되었을 때에는 개인정보의 유형, 유출 등의 경로 및 규모 등을 고려하여 대통령령으로 정하는 바에 따라 제1항 각 호의 사항을 지체 없이 보호위원회 또는 대통령령으로 정하는 전문기관에 신고하여야 한다. 이 경우 보호위원회 또는 대통령령으로 정하는 전문기관은 피해 확산 방지, 피해 복구 등을 위한 기술을 지원할 수 있다. <개정 2013. 3. 23., 2014. 11. 19., 2017. 7. 26., 2020. 2. 4., 2023. 3. 14.>

④ 제1항에 따른 유출 등의 통지 및 제3항에 따른 유출 등의 신고의 시기, 방법, 절차 등에 필요한 사항은 대통령령으로 정한다. <개정 2023. 3. 14.>

[제목개정 2023. 3. 14.]

정보주체의 권리 보장 중 개인정보의 열람은 다음과 같다.

제5장 정보주체의 권리 보장
제35조(개인정보의 열람)
① 정보주체는 개인정보처리자가 처리하는 자신의 개인정보에 대한 열람을 해당 개인정보처리자에게 요구할 수 있다.

② 제1항에도 불구하고 정보주체가 자신의 개인정보에 대한 열람을 공공기관에 요구하고자 할 때에는 공공기관에 직접 열람을 요구하

거나 대통령령으로 정하는 바에 따라 보호위원회를 통하여 열람을 요구할 수 있다. <개정 2013. 3. 23., 2014. 11. 19., 2017. 7. 26., 2020. 2. 4.>

③ 개인정보처리자는 제1항 및 제2항에 따른 열람을 요구받았을 때에는 대통령령으로 정하는 기간 내에 정보주체가 해당 개인정보를 열람할 수 있도록 하여야 한다. 이 경우 해당 기간 내에 열람할 수 없는 정당한 사유가 있을 때에는 정보주체에게 그 사유를 알리고 열람을 연기할 수 있으며, 그 사유가 소멸하면 지체 없이 열람하게 하여야 한다.

④ 개인정보처리자는 다음 각 호의 어느 하나에 해당하는 경우에는 정보주체에게 그 사유를 알리고 열람을 제한하거나 거절할 수 있다.

1. 법률에 따라 열람이 금지되거나 제한되는 경우

2. 다른 사람의 생명 · 신체를 해할 우려가 있거나 다른 사람의 재산과 그 밖의 이익을 부당하게 침해할 우려가 있는 경우

3. 공공기관이 다음 각 목의 어느 하나에 해당하는 업무를 수행할 때 중대한 지장을 초래하는 경우

   가. 조세의 부과 · 징수 또는 환급에 관한 업무

   나. 「초 · 중등교육법」 및 「고등교육법」에 따른 각급 학교, 「평생교육법」에 따른 평생교육시설, 그 밖의 다른 법률에 따라 설치된 고등교육기관에서의 성적 평가 또는 입학자 선발에 관한 업무

   다. 학력 · 기능 및 채용에 관한 시험, 자격 심사에 관한 업무

   라. 보상금 · 급부금 산정 등에 대하여 진행 중인 평가 또는 판

단에 관한 업무

마. 다른 법률에 따라 진행 중인 감사 및 조사에 관한 업무

⑤ 제1항부터 제4항까지의 규정에 따른 열람 요구, 열람 제한, 통지 등의 방법 및 절차에 관하여 필요한 사항은 대통령령으로 정한다.

개인정보의 정정·삭제는 다음과 같다.

제36조(개인정보의 정정·삭제)
① 제35조에 따라 자신의 개인정보를 열람한 정보주체는 개인정보처리자에게 그 개인정보의 정정 또는 삭제를 요구할 수 있다. 다만, 다른 법령에서 그 개인정보가 수집 대상으로 명시되어 있는 경우에는 그 삭제를 요구할 수 없다.

② 개인정보처리자는 제1항에 따른 정보주체의 요구를 받았을 때에는 개인정보의 정정 또는 삭제에 관하여 다른 법령에 특별한 절차가 규정되어 있는 경우를 제외하고는 지체 없이 그 개인정보를 조사하여 정보주체의 요구어 따라 정정·삭제 등 필요한 조치를 한 후 그 결과를 정보주체에게 알려야 한다.

③ 개인정보처리자가 제2항에 따라 개인정보를 삭제할 때에는 복구 또는 재생되지 아니하도록 조치하여야 한다.

④ 개인정보처리자는 정보주체의 요구가 제1항 단서에 해당될 때에는

지체 없이 그 내용을 정보주체에게 알려야 한다.

⑤ 개인정보처리자는 제2항에 따른 조사를 할 때 필요하면 해당 정보주체에게 정정·삭제 요구사항의 확인에 필요한 증거자료를 제출하게 할 수 있다.

⑥ 제1항·제2항 및 제4항에 따른 정정 또는 삭제 요구, 통지 방법 및 절차 등에 필요한 사항은 대통령령으로 정한다.

개인정보의 처리정지 등은 다음과 같다.

제37조(개인정보의 처리정지 등)
① 정보주체는 개인정보처리자에 대하여 자신의 개인정보 처리의 정지를 요구하거나 개인정보 처리에 대한 동의를 철회할 수 있다. 이 경우 공공기관에 대해서는 제32조에 따라 등록 대상이 되는 개인정보파일 중 자신의 개인정보에 대한 처리의 정지를 요구하거나 개인정보 처리에 대한 동의를 철회할 수 있다. <개정 2023. 3. 14.>

② 개인정보처리자는 제1항에 따른 처리정지 요구를 받았을 때에는 지체 없이 정보주체의 요구에 따라 개인정보 처리의 전부를 정지하거나 일부를 정지하여야 한다. 다만, 다음 각 호의 어느 하나에 해당하는 경우에는 정보주체의 처리정지 요구를 거절할 수 있다. <개정 2023. 3. 14.>

1. 법률에 특별한 규정이 있거나 법령상 의무를 준수하기 위하여 불

가피한 경우

2. 다른 사람의 생명·신체를 해할 우려가 있거나 다른 사람의 재산과 그 밖의 이익을 부당하게 침해할 우려가 있는 경우

3. 공공기관이 개인정보를 처리하지 아니하면 다른 법률에서 정하는 소관 업무를 수행할 수 없는 경우

4. 개인정보를 처리하지 아니하면 정보주체와 약정한 서비스를 제공하지 못하는 등 계약의 이행이 곤란한 경우로서 정보주체가 그 계약의 해지 의사를 명확하게 밝히지 아니한 경우

③ 개인정보처리자는 정보주체가 제1항에 따라 동의를 철회한 때에는 지체 없이 수집된 개인정보를 복구·재생할 수 없도록 파기하는 등 필요한 조치를 하여야 한다. 다만, 제2항 각 호의 어느 하나에 해당하는 경우에는 동의 철회에 따른 조치를 하지 아니할 수 있다. <신설 2023. 3. 14.>

④ 개인정보처리자는 제2항 단서에 따라 처리정지 요구를 거절하거나 제3항 단서에 따라 동의 철회에 따른 조치를 하지 아니하였을 때에는 정보주체에게 지체 없이 그 사유를 알려야 한다. <개정 2023. 3. 14.>

⑤ 개인정보처리자는 정보주체의 요구에 따라 처리가 정지된 개인정보에 대하여 지체 없이 해당 개인정보의 파기 등 필요한 조치를 하여야 한다. <개정 2023. 3. 14.>

⑥ 제1항부터 제5항까지의 규정에 따른 처리정지의 요구, 동의 철회,

> 처리정지의 거절, 통지 등의 방법 및 절차에 필요한 사항은 대통령령으로 정한다. <개정 2023. 3. 14.>

권리행사의 방법 및 절차는 다음과 같다.

> 제38조(권리행사의 방법 및 절차)
> ① 정보주체는 제35조에 따른 열람, 제35조의2에 따른 전송, 제36조에 따른 정정·삭제, 제37조에 따른 처리정지 및 동의 철회, 제37조의2에 따른 거부·설명 등의 요구(이하 "열람등요구"라 한다)를 문서 등 대통령령으로 정하는 방법·절차에 따라 대리인에게 하게 할 수 있다. <개정 2020. 2. 4., 2023. 3. 14.>
>
> ② 만 14세 미만 아동의 법정대리인은 개인정보처리자에게 그 아동의 개인정보 열람등요구를 할 수 있다.
>
> ③ 개인정보처리자는 열람등요구를 하는 자에게 대통령령으로 정하는 바에 따라 수수료와 우송료(사본의 우송을 청구하는 경우에 한한다)를 청구할 수 있다. 다만, 제35조의2제2항에 따른 전송 요구의 경우에는 전송을 위해 추가로 필요한 설비 등을 함께 고려하여 수수료를 산정할 수 있다. <개정 2023. 3. 14.>
>
> ④ 개인정보처리자는 정보주체가 열람등요구를 할 수 있는 구체적인 방법과 절차를 마련하고, 이를 정보주체가 알 수 있도록 공개하여야 한다. 이 경우 열람등요구의 방법과 절차는 해당 개인정보의 수

집 방법과 절차보다 어렵지 아니하도록 하여야 한다. <개정 2023. 3. 14.>

⑤ 개인정보처리자는 정보주체가 열람등요구에 대한 거절 등 조치에 대하여 불복이 있는 경우 이의를 제기할 수 있도록 필요한 절차를 마련하고 안내하여야 한다.

손해배상책임은 다음과 같다.

제39조(손해배상책임)
① 정보주체는 개인정보처리자가 이 법을 위반한 행위로 손해를 입으면 개인정보처리자에게 손해배상을 청구할 수 있다. 이 경우 그 개인정보처리자는 고의 또는 과실이 없음을 입증하지 아니하면 책임을 면할 수 없다.

② 삭제 <2015. 7. 24.>

③ 개인정보처리자의 고의 또는 중대한 과실로 인하여 개인정보가 분실·도난·유출·위조·변조 또는 훼손된 경우로서 정보주체에게 손해가 발생한 때에는 법원은 그 손해액의 3배를 넘지 아니하는 범위에서 손해배상액을 정할 수 있다. 다만, 개인정보처리자가 고의 또는 중대한 과실이 없음을 증명한 경우에는 그러하지 아니하다. <신설 2015. 7. 24.>

> ④ 법원은 제3항의 배상액을 정할 때에는 다음 각 호의 사항을 고려하여야 한다. <신설 2015. 7. 24.>
> 1. 고의 또는 손해 발생의 우려를 인식한 정도
> 2. 위반행위로 인하여 입은 피해 규모
> 3. 위법행위로 인하여 개인정보처리자가 취득한 경제적 이익
> 4. 위반행위에 따른 벌금 및 과징금
> 5. 위반행위의 기간·횟수 등
> 6. 개인정보처리자의 재산상태
> 7. 개인정보처리자가 정보주체의 개인정보 분실·도난·유출 후 해당 개인정보를 회수하기 위하여 노력한 정도
> 8. 개인정보처리자가 정보주체의 피해구제를 위하여 노력한 정도

 탐정은 의뢰인이 제공하는 정보주체의 개인정보를 기초로 법률이 허용하는 범위 안에서 개인정보처리를 할 수 있다. 또한 변호사가 사건을 수임하고 그 사건과 관련하여 탐정에게 의뢰하면 탐정은 변호사로부터 의뢰받은 자료의 수집을 할 수 있다. 탐정은 업무 특성상 특히 개인정보보호법에 위반되는 행위가 발생할 가능성이 크다. 현재, 탐정업과 관련된 탐정법(민간조사관련법)이 제정되지 않은 상태이므로 개인정보보호법의 모든 조항을 빠짐없이 숙지하여 위법하지 않도록 철저히 준비해야 한다.

2) 신용정보의 이용 및 보호에 관한 법률

신용정보의 이용 및 보호에 관한 법률에 목적은 다음과 같다.

> 제1장 총칙
> 제1조(목적) 이 법은 신용정보 관련 산업을 건전하게 육성하고 신용정보의 효율적 이용과 체계적 관리를 도모하며 신용정보의 오용·남용으로부터 사생활의 비밀 등을 적절히 보호함으로써 건전한 신용질서를 확립하고 국민경제의 발전에 이바지함을 목적으로 한다. <개정 2020. 2. 4.>

신용정보의 이용 및 보호에 관한 법률의 정의는 다음과 같다.

> 제2조(정의)
> 1. "신용정보"란 금융거래 등 상거래에서 거래 상대방의 신용을 판단할 때 필요한 정보로서 다음 각 목의 정보를 말한다.
>   가. 특정 신용정도주체를 식별할 수 있는 정보(나목부터 마목까지의 어느 하나에 해당하는 정보와 결합되는 경우만 신용정보에 해당한다)
>   나. 신용정보주체의 거래내용을 판단할 수 있는 정보
>   다. 신용정보주체의 신용도를 판단할 수 있는 정보
>   라. 신용정보주체의 신용거래능력을 판단할 수 있는 정보
>   마. 가목부터 라목까지의 정보 외에 신용정보주체의 신용을 판단할 때 필요한 정보

----- 중략 -----

2. 2. "개인신용정보"란 기업 및 법인에 관한 정보를 제외한 살아 있는 개인에 관한 신용정보로서 다음 각 목의 어느 하나에 해당하는 정보를 말한다.
    가. 해당 정보의 성명, 주민등록번호 및 영상 등을 통하여 특정 개인을 알아볼 수 있는 정보
    나. 해당 정보만으로는 특정 개인을 알아볼 수 없더라도 다른 정보와 쉽게 결합하여 특정 개인을 알아볼 수 있는 정보
3. "신용정보주체"란 처리된 신용정보로 알아볼 수 있는 자로서 그 신용정보의 주체가 되는 자를 말한다.
4. "신용정보업"이란 다음 각 목의 어느 하나에 해당하는 업(業)을 말한다.
    가. 개인신용평가업
    나. 개인사업자신용평가업
    다. 기업신용조회업
    라. 신용조사업
5. "신용정보회사"란 제4호 각 목의 신용정보업에 대하여 금융위원회의 허가를 받은 자로서 다음 각 목의 어느 하나에 해당하는 자를 말한다.
    가. 개인신용평가회사: 개인신용평가업 허가를 받은 자
    나. 개인사업자신용평가회사: 개인사업자신용평가업 허가를 받은 자
    다. 기업신용조회회사: 기업신용조회업 허가를 받은 자

라. 신용조사회사: 신용조사업 허가를 받은 자

6. "신용정보집중기관"이란 신용정보를 집중하여 관리·활용하는 자로서 제25조제1항에 따라 금융위원회로부터 허가받은 자를 말한다.

7. "신용정보제공·이용자"란 고객과의 금융거래 등 상거래를 위하여 본인의 영업과 관련하여 얻거나 만들어 낸 신용정보를 타인에게 제공하거나 타인으로부터 신용정보를 제공받아 본인의 영업에 이용하는 자와 그밖에 이에 준하는 자로서 대통령령으로 정하는 자를 말한다.

8. "개인신용평가업"이란 개인의 신용을 판단하는 데 필요한 정보를 수집하고 개인의 신용상태를 평가(이하 "개인신용평가"라 한다)하여 그 결과(개인신용평점을 포함한다)를 제3자에게 제공하는 행위를 영업으로 하는 것을 말한다.

9. "신용조사업"이란 제3자의 의뢰를 받아 신용정보를 조사하고, 그 신용정보를 그 의뢰인에게 제공하는 행위를 영업으로 하는 것을 말한다.

----- 중략 -----

10. "채권추심업"이란 채권자의 위임을 받아 변제하기로 약정한 날까지 채무를 변제하지 아니한 자에 대한 재산조사, 변제의 촉구 또는 채무자로부터의 변제금 수령을 통하여 채권자를 대신하여 추심채권을 행사하는 행위를 영업으로 하는 것을 말한다.

----- 중략 -----

11. 채권추심의 대상이 되는 "채권"이란 「상법」에 따른 상행위로 생긴 금전채권, 판결 등에 따라 권원(權原)이 인정된 민사채권으로서 대통령령으로 정하는 채권, 특별법에 따라 설립된 조합·공제조합·금고 및 그 중앙회·연합회 등의 조합원·회원 등에 대한 대출·보증, 그 밖의 여신 및 보험 업무에 따른 금전채권 및 다른 법률에서 채권추심회사에 대한 채권추심의 위탁을 허용한 채권을 말한다.

12. 삭제 <2013. 5. 28.>

13. "처리"란 신용정보의 수집(조사를 포함한다. 이하 같다), 생성, 연계, 연동, 기록, 저장, 보유, 가공, 편집, 검색, 출력, 정정(訂正), 복구, 이용, 결합, 제공, 공개, 파기(破棄), 그밖에 이와 유사한 행위를 말한다.

14. "자동화평가"란 제15조제1항에 따른 신용정보회사등의 종사자가 평가 업무에 관여하지 아니하고 컴퓨터 등 정보처리장치로만 개인신용정보 및 그 밖의 정보를 처리하여 개인인 신용정보주체를 평가하는 행위를 말한다.

15. "가명처리"란 추가정보를 사용하지 아니하고는 특정 개인인 신용정보주체를 알아볼 수 없도록 개인신용정보를 처리(그 처리 결과가 다음 각 목의 어느 하나에 해당하는 경우로서 제40조의2제1항 및 제2항에 따라 그 추가정보를 분리하여 보관하는 등 특정 개인인 신용정보주체를 알아볼 수 없도록 개인신용정보를 처리한 경우를 포함한다)하는 것을 말한다.

가. 어떤 신용정보주체와 다른 신용정보주체가 구별되는 경우

나. 하나의 정보집합물(정보를 체계적으로 관리하거나 처리할 목적으로 일즌한 규칙에 따라 구성되거나 배열된 둘 이상의 정보들을 말한다. 이하 같다)에서나 서로 다른 둘 이상의 정보집합물 간에서 어떤 신용정보주체에 관한 둘 이상의 정보가 연계되거나 연동되는 경우

다. 가목 및 나목과 유사한 경우로서 대통령령으로 정하는 경우

16. "가명정보"란 가명처리한 개인신용정보를 말한다.

17. "익명처리"란 더 이상 특정 개인인 신용정보주체를 알아볼 수 없도록 개인신용정보를 처리하는 것을 말한다.

18. "대주주"란 다음 각 목의 어느 하나에 해당하는 주주를 말한다.

----- 중략 -----

신용정보회사등의 금지사항은 다음과 같다.

제40조(신용정보회사등의 금지사항)
신용정보회사등은 다음 각 호의 행위를 하여서는 아니 된다. <개정 2015. 3. 11., 2020. 2. 4.>

4. 특정인의 소재 및 연락처(이하 "소재등"이라 한다)를 알아내는 행위. 다만, 채권추심회사가 그 업무를 하기 위하여 특정인의 소

> 재등을 알아내는 경우 또는 다른 법령에 따라 특정인의 소재등을 알아내는 것이 허용되는 경우에는 그러하지 아니하다.
>
> 5. 정보원, 탐정, 그밖에 이와 비슷한 명칭을 사용하는 일
>
> 제41조(채권추심회사의 금지 사항)
> ① 채권추심회사는 자기의 명의를 빌려주어 타인으로 하여금 채권추심업을 하게 하여서는 아니 된다.
>
> ② 채권추심회사는 다른 법령에서 허용된 경우 외에는 상호 중에 "신용정보"라는 표현이 포함된 명칭 이외의 명칭을 사용하여서는 아니 된다. 다만, 채권추심회사가 신용조회업 또는 「자본시장과 금융투자업에 관한 법률」 제335조의3제1항에 따라 신용평가업인가를 받아 신용평가업을 함께하는 경우에는 그러하지 아니하다. <개정 2013. 5. 28.>

개정된 신용정보의 이용 및 보호에 관한 법률 내용 중 신용정보회사등의 금지사항 제5호에서는 탐정 명칭의 사용을 금지사항으로 두고 있다. 이는 '신용정보회사등'의 범위 한정으로 일반인은 금지조항 적용 대상에서 제외된다. 따라서 탐정종사자는 자연인이므로 구법의 탐정업 규제인 '탐정 호칭 사용 금지' 조항은 신용정보회사등에만 적용된다고 볼 수 있다. 개정된 신용정보의 이용 및 보호에 관한 법률에 따라 탐정이라는 명칭을 사용하여 활동할 수 있으며 탐정사무소를 운영할 수 있다. 그러나 잠적이나 가출한 사람을 찾아도 가출당사자 동의를 얻어야만 그 소재를

알릴 수 있다. 만약 이를 위반할 경우에는 관련법으로 신용정보법, 개인정보법 등에 의해 처벌될 수 있다.

3) 위치정보의 보호 및 이용 등에 관한 법률

위치정보의 보호 및 이용 등에 관한 법률의 목적은 다음과 같다.

> 제1장 총칙
> 제1조(목적) 이 법은 위치정보의 유출·오용 및 남용으로부터 사생활의 비밀 등을 보호하고 위치정보의 안전한 이용환경을 조성하여 위치정보의 이용을 활성화함으로써 국민생활의 향상과 공공복리의 증진에 이바지함을 목적으로 한다.
>
> 제2조(정의) 이 법에서 사용하는 용어의 정의는 다음과 같다. <개정 2010. 3. 22., 2015. 2. 3., 2020. 6. 9., 2021. 10. 19.>
>
> 1. "위치정보"라 함은 이동성이 있는 물건 또는 개인이 특정한 시간에 존재하거나 존재하였던 장소에 관한 정보로서 「전기통신사업법」 제2조제2호 및 제3호에 따른 전기통신설비 및 전기통신회선설비를 이용하여 측위(測位)된 것을 말한다.
>
> 2. "개인위치정보"라 함은 특정 개인의 위치정보(위치정보만으로는 특정 개인의 위치를 알 수 없는 경우에도 다른 정보와 용이하게 결합하여 특정 개인의 위치를 알수 있는 것을 포함한다)를 말한다.
>
> 3. "개인위치정보주체"라 함은 개인위치정보에 의하여 식별되는 자를 말한다.

4. "위치정보 수집사실 확인자료"라 함은 위치정보의 수집요청인, 수집일시 및 수 집방법에 관한 자료(위치정보는 제외한다)를 말한다.

5. "위치정보 이용・제공사실 확인자료"라 함은 위치정보를 제공받는 자, 취득경로, 이용・제공일시 및 이용・제공방법에 관한 자료(위치정보는 제외한다)를 말한다.

6. "위치정보사업"이라 함은 위치정보를 수집하여 위치기반서비스사업을 하는 자에게 제공하는 것을 사업으로 영위하는 것을 말한다.

7. "위치기반서비스사업"이라 함은 위치정보를 이용한 서비스(이하 "위치기반서비스"라 한다)를 제공하는 것을 사업으로 영위하는 것을 말한다.

8. "위치정보시스템"이라 함은 위치정보사업 및 위치기반서비스사업을 위하여 「정보통신망 이용촉진 및 정보보호 등에 관한 법률」 제2조제1항제1호에 따른 정보통신망을 통하여 위치정보를 수집・저장・분석・이용 및 제공할 수 있도록 서로 유기적으로 연계된 컴퓨터의 하드웨어, 소프트웨어, 데이터베이스 및 인적자원의 결합체를 말한다.

위치정보사업의 등록 등은 다음과 같다.

제2장 위치정보사업의 등록 등 <개정 2021. 10. 19.>
5조(개인위치정보를 대상으로 하는 위치정보사업의 등록 등) ① 개인위치정보를 대상으로 하는 위치정보사업을 하려는 자는 상호, 주된 사무소의 소재지, 위치정보사업의 종류 및 내용, 위치정보시스템을 포함한 사업용 주요 설비 등에 대하여 다음 각 호의 사항을 갖추어 방송통신위원회에 등록하여야 한다.

1. 법인일 것
2. 사업목적을 달성하기에 필요한 물적 시설을 갖출 것
3. 개인위치정보의 보호와 개인위치정보주체 및 제26조제1항 각 호의 어느 하나에 해당하는 자의 권리 보호를 위한 기술적·관리적 조치를 할 것
4. 다음 각 목의 어느 하나에 해당하지 아니할 것

-----중략-----

위치정보의 보호는 다음과 같다.

제3장 위치정보의 보호
제1절 통칙
제15조(위치정보의 수집 등의 금지)
① 누구든지 개인위치정보주체의 동의를 받지 아니하고 해당 개인위치정보를 수집·이용 또는 제공하여서는 아니 된다. 다만, 다음 각 호의 어느 하나에 해당하는 경우에는 그러하지 아니하다. <개정 2012. 5. 14., 2018. 4. 17.>

----- 중략 -----

② 누구든지 타인의 정보통신기기를 복제하거나 정보를 도용하는 등의 방법으로 개인위치정보사업자 및 위치기반서비스사업자(이하 "개인위치정보사업자등"이라 한다)를 속여 타인의 개인위치정보를 제공받아서는 아니 된다. <개정 2018. 4. 17.>

③ 위치정보를 수집할 수 있는 장치가 붙여진 물건을 판매하거나 대여·양도하는 자는 위치정보 수집장치가 붙여진 사실을 구매하거나 대여·양도받는 자에게 알려야 한다. <개정 2018. 4. 17., 2020. 6. 9.>

위치정보의 보호 및 이용 등에 관한 법률은 탐정 업무 중 가출, 실종, 미행, 추적 등과 밀접한 법이므로 법에 저촉되는 일이 없도록 정확히 숙지하고 주의를 기울여야 한다. 또한 의뢰대상자의 차에 GPS단말기를 부착, 개인위치정보를 수집하고 이를 의뢰인에게 제공하는 것은 위법이다.

4) 통신비밀보호법

통신비밀보호법의 목적과 정의는 다음과 같다.

제1조(목적) 이 법은 통신 및 대화의 비밀과 자유에 대한 제한은 그 대상을 한정하고 엄격한 법적 절차를 거치도록 함으로써 통신비밀을 보

호하고 통신의 자유를 신장함을 목적으로 한다.

제2조(정의) 이 법에서 사용하는 용어의 정의는 다음과 같다. <개정 2001. 12. 29., 2004. 1. 29., 2005. 1. 27.>

1. "통신"이라 함은 우편물 및 전기통신을 말한다.
2. "우편물"이라 함은 우편법에 의한 통상우편물과 소포우편물을 말한다.
3. "전기통신"이라 함은 전화·전자우편·회원제정보서비스·모사전송·무선호출 등과 같이 유선·무선·광선 및 기타의 전자적 방식에 의하여 모든 종류의 음향·문언·부호 또는 영상을 송신하거나 수신하는 것을 말한다.
4. "당사자"라 함은 우편물의 발송인과 수취인, 전기통신의 송신인과 수신인을 말한다.
5. "내국인"이라 함은 대한민국의 통치권이 사실상 행사되고 있는 지역에 주소 또는 거소를 두고 있는 대한민국 국민을 말한다.
6. "검열"이라 함은 우편물에 대하여 당사자의 동의없이 이를 개봉하거나 기타의 방법으로 그 내용을 지득 또는 채록하거나 유치하는 것을 말한다.
7. "감청"이라 함은 전기통신에 대하여 당사자의 동의없이 전자장치·기계장치등을 사용하여 통신의 음향·문언·부호·영상을 청취·공독하여 그 내용을 지득 또는 채록하거나 전기통신의 송·수신을 방해하는 것을 말한다.
8. "감청설비"라 함은 대화 또는 전기통신의 감청에 사용될 수 있

는 전자장치·기계장치 기타 설비를 말한다. 다만, 전기통신 기기·기구 또는 그 부품으로서 일반적으로 사용되는 것 및 청각교정을 위한 보청기 또는 이와 유사한 용도로 일반적으로 사용되는 것 중에서, 대통령령이 정하는 것은 제외한다.

8의2. "불법감청설비탐지"라 함은 이 법의 규정에 의하지 아니하고 행하는 감청 또는 대화의 청취에 사용되는 설비를 탐지하는 것을 말한다.

9. "전자우편"이라 함은 컴퓨터 통신망을 통해서 메시지를 전송하는 것 또는 전송된 메시지를 말한다.

10. "회원제정보서비스"라 함은 특정의 회원이나 계약자에게 제공하는 정보서비스 또는 그와 같은 네트워크의 방식을 말한다.

11. "통신사실확인자료"라 함은 다음 각목의 어느 하나에 해당하는 전기통신사실에 관한 자료를 말한다.
    가. 가입자의 전기통신일시
    나. 전기통신개시·종료시간
    다. 발·착신 통신번호 등 상대방의 가입자번호
    라. 사용도수
    마. 컴퓨터통신 또는 인터넷의 사용자가 전기통신역무를 이용한 사실에 관한 컴퓨터통신 또는 인터넷의 로그기록자료
    바. 정보통신망에 접속된 정보통신기기의 위치를 확인할 수 있는 발신기지국의 위치추적자료
    사. 컴퓨터통신 또는 인터넷의 사용자가 정보통신망에 접속하기 위하여 사용하는 정보통신기기의 위치를 확인할 수 있는 접속지의 추적자료

12. "단말기기 고유번호"라 함은 이동통신사업자와 이용계약이 체결된 개인의 이동전화 단말기기에 부여된 전자적 고유번호를 말한다.

통신 및 대화비밀의 보호는 다음과 같다.

제3조(통신 및 대화비밀의 보호)
① 누구든지 이 법과 형사소송법 또는 군사법원법의 규정에 의하지 아니하고는 우편물의 검열·전기통신의 감청 또는 통신사실확인자료의 제공을 하거나 공개되지 아니한 타인간의 대화를 녹음 또는 청취하지 못한다. 다만, 다음 각 호의 경우에는 당해 법률이 정하는 바에 의한다. <개정 2000. 12. 29., 2001. 12. 29., 2004. 1. 29., 2005. 3. 31., 2007. 2. 21., 2009. 11. 2.>

감청설비에 대한 인가 및 인가의 취소 등은 다음과 같다.

제10조(감청설비에 대한 인가 및 인가의 취소 등) ①감청설비를 제조·수입·판매·배포·소지·사용하거나 이를 위한 광고를 하고자 하는 자는 과학기술정보통신부장관의 인가를 받아야 한다. 다만, 국가기관의 경우에는 그러하지 아니하다. <개정 1997. 12. 13., 2008. 2. 29., 2013. 3. 23., 2017. 7. 26.>

② 삭제 <2004. 1. 29.>

③ 과학기술정보통신부장관은 제1항의 인가를 하는 경우에는 인가신청자, 인가연월일, 인가된 감청설비의 종류와 수량등 필요한 사항을 대장에 기재하여 비치하여야 한다. <개정 1997. 12. 13., 2008. 2. 29., 2013. 3. 23., 2017. 7. 26.>

④ 제1항의 인가를 받아 감청설비를 제조·수입·판매·배포·소지 또는 사용하는 자는 인가연월일, 인가된 감청설비의 종류와 수량, 비치장소등 필요한 사항을 대장에 기재하여 비치하여야 한다. 다만, 지방자치단체의 비품으로서 그 직무수행에 제공되는 감청설비는 해당 기관의 비품대장에 기재한다.

⑤ 과학기술정보통신부장관은 제1항에 따른 인가를 받은 자가 다음 각 호의 어느 하나에 해당하게 된 경우에는 그 인가를 취소하고, 그 뜻을 서면으로 알려야 한다. <신설 2025. 1. 31.>

1. 거짓이나 그 밖의 부정한 방법으로 인가받은 것이 판명된 경우

2. 제4항을 위반한 경우

⑥ 그 밖에 인가 및 인가의 취소에 필요한 사항은 대통령령으로 정한다. <개정 2025. 1. 31.>

[제목개정 2025. 1. 31.]
[시행일: 2025. 8. 1.] 제10조

타인의 대화비밀 침해듣지는 다음과 같다.

제14조(타인의 대화비밀 침해금지)
① 누구든지 공개되지 아니한 타인간의 대화를 녹음하거나 전자장치 또는 기계적 수단을 이용하여 청취할 수 없다.

② 제4조 내지 제8조, 제9조제1항 전단 및 제3항, 제9조의2, 제11조제1항·제3항·제4항 및 제12조의 규정은 제1항의 규정에 의한 녹음 또는 청취에 관하여 이를 적용한다. <개정 2001. 12. 29.>

벌칙은 다음과 같다.

제16조(벌칙)
① 다음 각 호의 어느 하나에 해당하는 자는 1년 이상 10년 이하의 징역과 5년 이하의 자격정지에 처한다. <개정 2014. 1. 14., 2018. 3. 20.>

1. 제3조의 규정에 위반하여 우편물의 검열 또는 전기통신의 감청을 하거나 공개되지 아니한 타인간의 대화를 녹음 또는 청취한 자
2. 제1호에 따라 알게 된 통신 또는 대화의 내용을 공개하거나 누설한 자

② 다음 각호의 1에 해당하는 자는 10년 이하의 징역에 처한다. <개정 2005. 5. 26.>

> 1. 제9조제2항의 규정에 위반하여 통신제한조치허가서 또는 긴급감청서등의 표지의 사본을 교부하지 아니하고 통신제한조치의 집행을 위탁하거나 집행에 관한 협조를 요청한 자 또는 통신제한조치허가서 또는 긴급감청서등의 표지의 사본을 교부받지 아니하고 위탁받은 통신제한조치를 집행하거나 통신제한조치의 집행에 관하여 협조한 자
>
> 2. 제11조제1항(제14조제2항의 규정에 의하여 적용하는 경우 및 제13조의5의 규정에 의하여 준용되는 경우를 포함한다)의 규정에 위반한 자
>
> ③ 제11조제2항(제13조의5의 규정에 의하여 준용되는 경우를 포함한다)의 규정에 위반한 자는 7년 이하의 징역에 처한다. <개정 2005. 5. 26.>
>
> ④ 제11조제3항(제14조제2항의 규정에 의하여 적용하는 경우 및 제13조의5의 규정에 의하여 준용되는 경우를 포함한다)의 규정에 위반한 자는 5년 이하의 징역에 처한다. <개정 2005. 5. 26.>
>
> [전문개정 2001. 12. 29.]

 탐정이 자신의 목적 활동으로서 당사자 동의 없이 도청할 경우, 이는 불법감청에 해당된다. 수사기관의 합법적 감청 외에 모든 감청은 불법감청이 되며 위반 시 통신비밀보호법에 따라 처벌된다. 또한 불법감청은 직접적 증거라 할지라도 절차나 규칙을 지키지 않고 수집한 증거이므로 증거력을 인정받지 못한다. 더불어 불법감청에 대한 손해배상이 일어날

수 있다. 따라서 탐정은 업무활동과 관련한 중요한 법률 중의 하나인 통신비밀보호법의 내용을 정확히 숙지하고 있어야 한다.

5) 정보통신망 이용촉진 및 정보보호 등에 관한 법률

정보통신망 이용촉진 및 정보보호 등에 관한 법률의 목적 및 정의는 다음과 같다.

> 제1장 총칙
>
> 제1조(목적) 이 법은 정보통신망의 이용을 촉진하고 정보통신서비스를 이용하는 자를 보호함과 아울러 정보통신망을 건전하고 안전하게 이용할 수 있는 환경을 조성하여 국민생활의 향상과 공공복리의 증진에 이바지함을 목적으로 한다. <개정 2020. 2. 4.>
>
> 제2조(정의) ① 이 법에서 사용하는 용어의 뜻은 다음과 같다. <개정 2004. 1. 29., 2007. 1. 26., 2007. 12. 21., 2008. 6. 13., 2010. 3. 22., 2014. 5. 28., 2020. 6. 9.>
>
> 1. "정보통신망"이란 「전기통신사업법」 제2조제2호에 따른 전기통신설비를 이용하거나 전기통신설비와 컴퓨터 및 컴퓨터의 이용기술을 활용하여 정보를 수집 · 가공 · 저장 · 검색 · 송신 또는 수신하는 정보통신체제를 말한다.
> 2. "정보통신서비스"탄 「전기통신사업법」 제2조제6호에 따른 전기통신역무와 이를 이용하여 정보를 제공하거나 정보의 제공을 매개하는 것을 말한다.
> 3. "정보통신서비스 제공자"란 「전기통신사업법」 제2조제8호에 따

른 전기통신사업자와 영리를 목적으로 전기통신사업자의 전기통신역무를 이용하여 정보를 제공하거나 정보의 제공을 매개하는 자를 말한다.

4. "이용자"란 정보통신서비스 제공자가 제공하는 정보통신서비스를 이용하는 자를 말한다.

5. "전자문서"란 컴퓨터 등 정보처리능력을 가진 장치에 의하여 전자적인 형태로 작성되어 송수신되거나 저장된 문서형식의 자료로서 표준화된 것을 말한다.

6. 삭제 <2020. 2. 4.>

7. "침해사고"란 다음 각 목의 방법으로 정보통신망 또는 이와 관련된 정보시스템을 공격하는 행위로 인하여 발생한 사태를 말한다.
   가. 해킹, 컴퓨터바이러스, 논리폭탄, 메일폭탄, 서비스거부 또는 고출력 전자기파 등의 방법
   나. 정보통신망의 정상적인 보호·인증 절차를 우회하여 정보통신망에 접근할 수 있도록 하는 프로그램이나 기술적 장치 등을 정보통신망 또는 이와 관련된 정보시스템에 설치하는 방법

8. 삭제 <2015. 6. 22.>

9. "게시판"이란 그 명칭과 관계없이 정보통신망을 이용하여 일반에게 공개할 목적으로 부호·문자·음성·음향·화상·동영상 등의 정보를 이용자가 게재할 수 있는 컴퓨터 프로그램이나 기술적 장치를 말한다.

10. "통신과금서비스"란 정보통신서비스로서 다음 각 목의 업무를 말한다.
    가. 타인이 판매·제공하는 재화 또는 용역(이하 "재화등"이라 한다)의 대가를 자신이 제공하는 전기통신역무의 요금과 함

께 청구·징수하는 업무

나. 타인이 판매·제공하는 재화등의 대가가 가목의 업무를 제공하는 자의 전기통신역무의 요금과 함께 청구·징수되도록 거래정보를 전자적으로 송수신하는 것 또는 그 대가의 정산을 대행하거나 매개하는 업무

11. "통신과금서비스제공자"란 제53조에 따라 등록을 하고 통신과금서비스를 제공하는 자를 말한다.

12. "통신과금서비스이용자"란 통신과금서비스제공자로부터 통신과금서비스를 이용하여 재화등을 구입·이용하는 자를 말한다.

13. "전자적 전송매체"란 정보통신망을 통하여 부호·문자·음성·화상 또는 영상 등을 수신자에게 전자문서 등의 전자적 형태로 전송하는 매체를 말한다.

② 이 법에서 사용하는 용어의 뜻은 제1항에서 정하는 것 외에는 「지능정보화 기본법」에서 정하는 바에 따른다. <개정 2008. 6. 13., 2013. 3. 23., 2020. 6. 9.>

접근권한에 대한 동의는 다음과 같다.

제22조의2(접근권한에 대한 동의)
① 정보통신서비스 제공자는 해당 서비스를 제공하기 위하여 이용자의 이동통신단말장치 내에 저장되어 있는 정보 및 이동통신단말장

치에 설치된 기능에 대하여 접근할 수 있는 권한(이하 "접근권한"이라 한다)이 필요한 경우 다음 각 호의 사항을 이용자가 명확하게 인지할 수 있도록 알리고 이용자의 동의를 받아야 한다.

1. 해당 서비스를 제공하기 위하여 반드시 필요한 접근권한인 경우
    가. 접근권한이 필요한 정보 및 기능의 항목
    나. 접근권한이 필요한 이유
2. 해당 서비스를 제공하기 위하여 반드시 필요한 접근권한이 아닌 경우
    가. 접근권한이 필요한 정보 및 기능의 항목
    나. 접근권한이 필요한 이유
    다. 접근권한 허용에 대하여 동의하지 아니할 수 있다는 사실

② 정보통신서비스 제공자는 해당 서비스를 제공하기 위하여 반드시 필요하지 아니한 접근권한을 설정하는 데 이용자가 동의하지 아니한다는 이유로 이용자에게 해당 서비스의 제공을 거부하여서는 아니 된다.

③ 이동통신단말장치의 기본 운영체제(이동통신단말장치에서 소프트웨어를 실행할 수 있는 기반 환경을 말한다)를 제작하여 공급하는 자와 이동통신단말장치 제조업자 및 이동통신단말장치의 소프트웨어를 제작하여 공급하는 자는 정보통신서비스 제공자가 이동통신단말장치 내에 저장되어 있는 정보 및 이동통신단말장치에 설치된 기능에 접근하려는 경우 접근권한에 대한 이용자의 동의 및 철회방법을 마련하는 등 이용자 정보 보호에 필요한 조치를 하여야 한다.

④ 방송통신위원회는 해당 서비스의 접근권한의 설정이 제1항부터 제3항까지의 규정에 따라 이루어졌는지 여부에 대하여 실태조사를 실시할 수 있다. <신설 2018. 6. 12.>

⑤ 제1항에 따른 접근권한의 범위 및 동의의 방법, 제3항에 따른 이용자 정보 보호를 위하여 필요한 조치 및 그 밖에 필요한 사항은 대통령령으로 정한다. <개정 2018. 6. 12.>

주민등록번호의 사용 제한은 다음과 같다.

제23조의2(주민등록번호의 사용 제한)
① 정보통신서비스 제공자는 다음 각 호의 어느 하나에 해당하는 경우를 제외하고는 이용자의 주민등록번호를 수집·이용할 수 없다. <개정 2020. 2. 4.>

1. 제23조의3에 따라 본인확인기관으로 지정받은 경우

2. 삭제 <2020. 2. 4.>

3. 「전기통신사업법」 제38조제1항에 따라 기간통신사업자로부터 이동통신서비스 등을 제공받아 재판매하는 전기통신사업자가 제23조의3에 따라 본인확인기관으로 지정받은 이동통신사업자의 본인확인업무 수행과 관련하여 이용자의 주민등록번호를 수집·이용하는 경우

② 제1항제3호에 따라 주민등록번호를 수집·이용할 수 있는 경우에

도 이용자의 주민등록번호를 사용하지 아니하고 본인을 확인하는 방법(이하 "대체수단"이라 한다)을 제공하여야 한다. <개정 2020. 2. 4.>

자율규제는 다음과 같다.

제44조의4(자율규제) ① 정보통신서비스 제공자단체는 이용자를 보호하고 안전하며 신뢰할 수 있는 정보통신서비스를 제공하기 위하여 정보통신서비스 제공자 행동강령을 정하여 시행할 수 있다. <개정 2018. 12. 24.>

② 정보통신서비스 제공자단체는 다음 각 호의 어느 하나에 해당하는 정보가 정보통신망에 유통되지 아니하도록 모니터링 등 자율규제 가이드라인을 정하여 시행할 수 있다. <신설 2018. 12. 24.>

1. 청소년유해정보

2. 제44조의7에 따른 불법정보

③ 정부는 제2항 각 호의 어느 하나에 해당하는 정보의 효과적인 유통 방지를 위하여 필요한 경우 정보통신서비스 제공자단체에 자율규제 가이드라인의 개선·보완을 권고할 수 있다. <신설 2024. 12. 3.>

④ 정부는 제1항 및 제2항에 따른 정보통신서비스 제공자단체의 자율

규제를 위한 활동을 지원할 수 있다. <신설 2018. 12. 24., 2024. 12. 3.>

[전문개정 2008. 6. 13.]
[시행일: 2025. 6. 4.]

비밀 등의 보호는 다음과 같다.

제49조(비밀 등의 보호) 누구든지 정보통신망에 의하여 처리·보관 또는 전송되는 타인의 정보를 훼손하거나 타인의 비밀을 침해·도용 또는 누설하여서는 아니 된다.

[전문개정 2008. 6. 13.]

속이는 행위에 의한 정브의 수집금지 등은 다음과 같다.

제49조의2(속이는 행위에 의한 정보의 수집금지 등)
① 누구든지 정보통신망을 통하여 속이는 행위로 다른 사람의 정보를 수집하거나 다른 사람이 정보를 제공하도록 유인하여서는 아니 된다.

② 정보통신서비스 제공자는 제1항을 위반한 사실을 발견하면 즉시 과학기술정보통신부장관 또는 한국인터넷진흥원에 신고하여야 한다. <개정 2009. 4. 22., 2016. 3. 22., 2017. 7. 26., 2020. 2. 4.>

③ 과학기술정보통신부장관 또는 한국인터넷진흥원은 제2항에 따른 신고를 받거나 제1항을 위반한 사실을 알게 되면 다음 각 호의 필요한 조치를 하여야 한다. <개정 2009. 4. 22., 2016. 3. 22., 2017. 7. 26., 2020. 2. 4.>

1. 위반 사실에 관한 정보의 수집·전파

2. 유사 피해에 대한 예보·경보

3. 정보통신서비스 제공자에게 접속경로의 차단을 요청하거나 이용자에게 제1항의 위반행위에 노출되었다는 사실을 알리도록 요청하는 등 피해 예방 및 피해 확산을 방지하기 위한 긴급조치

④ 과학기술정보통신부장관은 제3항제3호의 조치를 취하기 위하여 정보통신서비스 제공자에게 정보통신서비스 제공자 간 정보통신망을 통하여 속이는 행위에 대한 정보 공유 등 필요한 조치를 취하도록 명할 수 있다. <신설 2016. 3. 22., 2017. 7. 26., 2020. 2. 4.>

불법정보의 유통금지 등은 다음과 같다.

제44조의7(불법정보의 유통금지 등)
① 누구든지 정보통신망을 통하여 다음 각 호의 어느 하나에 해당하는 정보를 유통하여서는 아니 된다. <개정 2011. 9. 15., 2016. 3. 22., 2018. 6. 12.>

1. 음란한 부호·문언·음향·화상 또는 영상을 배포·판매·임대하거나 공공연하게 전시하는 내용의 정보

2. 사람을 비방할 목적으로 공공연하게 사실이나 거짓의 사실을 드러내어 타인의 명예를 훼손하는 내용의 정보

3. 공포심이나 불안감을 유발하는 부호·문언·음향·화상 또는 영상을 반복적으로 상대방에게 도달하도록 하는 내용의 정보

4. 정당한 사유 없이 정보통신시스템, 데이터 또는 프로그램 등을 훼손·멸실·변경·위조하거나 그 운용을 방해하는 내용의 정보

5. 「청소년 보호법」에 따른 청소년유해매체물로서 상대방의 연령 확인, 표시의무 등 법령에 따른 의무를 이행하지 아니하고 영리를 목적으로 제공하는 내용의 정보

6. 법령에 따라 금지되는 사행행위에 해당하는 내용의 정보

6의2. 이 법 또는 개인정보 보호에 관한 법령을 위반하여 개인정보를 거래하는 내용의 정보

6의3. 총포·화약류(생명·신체에 위해를 끼칠 수 있는 폭발력을 가진 물건을 포함한다)를 제조할 수 있는 방법이나 설계도 등의 정보

7. 법령에 따라 분류된 비밀 등 국가기밀을 누설하는 내용의 정보

8. 「국가보안법」에서 금지하는 행위를 수행하는 내용의 정보

9. 그 밖에 범죄를 목적으로 하거나 교사(敎唆) 또는 방조하는 내용의 정보

② 방송통신위원회는 제1항제1호부터 제6호까지, 제6호의2 및 제6호의3의 정보에 대하여는 심의위원회의 심의를 거쳐 정보통신서비스 제공자 또는 게시판 관리·운영자로 하여금 그 처리를 거부·정지

또는 제한하도록 명할 수 있다. 다만, 제1항제2호 및 제3호에 따른 정보의 경우에는 해당 정보로 인하여 피해를 받은 자가 구체적으로 밝힌 의사에 반하여 그 처리의 거부·정지 또는 제한을 명할 수 없다. <개정 2016. 3. 22., 2018. 6. 12.>

③ 방송통신위원회는 제1항제7호부터 제9호까지의 정보가 다음 각 호의 모두에 해당하는 경우에는 정보통신서비스 제공자 또는 게시판 관리·운영자에게 해당 정보의 처리를 거부·정지 또는 제한하도록 명하여야 한다. <개정 2016. 3. 22., 2018. 12. 24., 2024. 12. 3.>

1. 관계 중앙행정기관의 장의 요청[제1항제9호의 정보 중 「성폭력범죄의 처벌 등에 관한 특례법」 제14조 및 제14조의2에 따른 촬영물·편집물·합성물·가공물 또는 복제물(복제물의 복제물을 포함한다)과 「아동·청소년의 성보호에 관한 법률」 제2조제5호에 따른 아동·청소년성착취물에 대하여는 수사기관의 장의 요청을 포함한다]이 있었을 것

2. 제1호의 요청을 받은 날부터 7일 이내에 심의위원회의 심의를 거친 후 「방송통신위원회의 설치 및 운영에 관한 법률」 제21조제4호에 따른 시정 요구를 하였을 것

3. 정보통신서비스 제공자나 게시판 관리·운영자가 시정 요구에 따르지 아니하였을 것

④ 방송통신위원회는 제2항 및 제3항에 따른 명령의 대상이 되는 정보통신서비스 제공자, 게시판 관리·운영자 또는 해당 이용자에게 미리 의견제출의 기회를 주어야 한다. 다만, 다음 각 호의 어느 하나에 해당하는 경우에는 의견제출의 기회를 주지 아니할 수 있다.

1. 공공의 안전 또는 복리를 위하여 긴급히 처분을 할 필요가 있는 경우
2. 의견청취가 뚜렷이 곤란하거나 명백히 불필요한 경우로서 대통령령으로 정하는 경우
3. 의견제출의 기회를 포기한다는 뜻을 명백히 표시한 경우

⑤ 국내에 데이터를 임시적으로 저장하는 서버를 설치·운영하는 정보통신서비스 제공자 중 사업의 종류 및 규모 등이 대통령령으로 정하는 기준에 해당하는 자는 제1항 각 호에 해당하는 정보의 유통을 방지하기 위하여 다음 각 호의 기술적·관리적 조치를 하여야 한다. <신설 2024. 1. 23.>

1. 제2항 및 제3항에 따른 심의위원회의 심의를 거친 제1항 각 호의 정보가 서버에 저장되어 있는지 식별하여 신속하게 접근을 제한하는 조치
2. 제1호에 따라 식별한 정보의 게재자에게 해당 정보의 유통금지를 요청하는 조치
3. 제1호에 따른 조치의 운영·관리 실태를 시스템에 자동으로 기록되도록 하고, 이를 대통령령으로 정하는 기간 동안 보관하는 조치
4. 그 밖에 제1항 각 호에 해당하는 정보의 유통을 방지하기 위하여 필요한 대통령령으로 정하는 조치

[전문개정 2008. 6. 13.]
[시행일: 2025. 6. 4.] 제44조의7

6) 공공기관의 정보공개에 관한 법률

공공기관의 정보공개에 관한 법률의 목적과 정의는 다음과 같다.

> 제1장 총칙 <개정 2013. 8. 6.>
> 제1조(목적) 이 법은 공공기관이 보유·관리하는 정보에 대한 국민의 공개 청구 및 공공기관의 공개 의무에 관하여 필요한 사항을 정함으로써 국민의 알권리를 보장하고 국정(國政)에 대한 국민의 참여와 국정 운영의 투명성을 확보함을 목적으로 한다.
>
> 제2조(정의) 이 법에서 사용하는 용어의 뜻은 다음과 같다. <개정 2020. 12. 22.>
>
> 1. "정보"란 공공기관이 직무상 작성 또는 취득하여 관리하고 있는 문서(전자문서를 포함한다. 이하 같다) 및 전자매체를 비롯한 모든 형태의 매체 등에 기록된 사항을 말한다.
>
> 2. "공개"란 공공기관이 이 법에 따라 정보를 열람하게 하거나 그 사본·복제물을 제공하는 것 또는 「전자정부법」 제2조제10호에 따른 정보통신망(이하 "정보통신망"이라 한다)을 통하여 정보를 제공하는 것 등을 말한다.
>
> 3. "공공기관"이란 다음 각 목의 기관을 말한다.
>   가. 국가기관
>   1) 국회, 법원, 헌법재판소, 중앙선거관리위원회
>   2) 중앙행정기관(대통령 소속 기관과 국무총리 소속 기관을 포함한다) 및 그 소속 기관
>   3) 「행정기관 소속 위원회의 설치·운영에 관한 법률」에

> 따른 위원회
> 나. 지방자치단체
> 다. 「공공기관의 운영에 관한 법률」 제2조에 따른 공공기관
> 라. 「지방공기업법」에 따른 지방공사 및 지방공단
> 마. 그 밖에 대통령령으로 정하는 기관

정보공개의 원칙은 다음과 같다.

> 제3조(정보공개의 원칙)
> 공공기관이 보유·관리하는 정보는 국민의 알권리 보장 등을 위하여 이 법에서 정하는 바에 다라 적극적으로 공개하여야 한다. [전문개정 2013. 8. 6.]

정보공개 청구권자는 다음과 같다.

> 제2장 정보공개 청구권자와 공공기관의 의무 <개정 2013. 8. 6.>
> 제5조(정보공개 청구권자) ① 모든 국민은 정보의 공개를 청구할 권리를 가진다.
>
> ② 외국인의 정보공개 청구에 관하여는 대통령령으로 정한다.[전문개정 2013. 8. 6.]

공공기관의 의무는 다음과 같다.

> 제6조(공공기관의 의무)
> ① 공공기관은 정보의 공개를 청구하는 국민의 권리가 존중될 수 있도록 이 법을 운영하고 소관 관계 법령을 정비하며, 정보를 투명하고 적극적으로 공개하는 조직문화 형성에 노력하여야 한다. <개정 2020. 12. 22.>
>
> ② 공공기관은 정보의 적절한 보존 및 신속한 검색과 국민에게 유용한 정보의 분석 및 공개 등이 이루어지도록 정보관리체계를 정비하고, 정보공개 업무를 주관하는 부서 및 담당하는 인력을 적정하게 두어야 하며, 정보통신망을 활용한 정보공개시스템 등을 구축하도록 노력하여야 한다. <개정 2020. 12. 22.>
>
> ③ 행정안전부장관은 공공기관의 정보공개에 관한 업무를 종합적·체계적·효율적으로 지원하기 위하여 통합정보공개시스템을 구축·운영하여야 한다. <신설 2020. 12. 22.>
>
> ④ 공공기관(국회·법원·헌법재판소·중앙선거관리위원회는 제외한다)이 제2항에 따른 정보공개시스템을 구축하지 아니한 경우에는 제3항에 따라 행정안전부장관이 구축·운영하는 통합정보공개시스템을 통하여 정보공개 청구 등을 처리하여야 한다. <신설 2020. 12. 22.>
>
> ⑤ 공공기관은 소속 공무원 또는 임직원 전체를 대상으로 국회규칙·대법원규칙·헌법재판소규칙·중앙선거관리위원회규칙 및

대통령령으로 정하는 바에 따라 이 법 및 정보공개 제도 운영에 관한 교육을 실시하여야 한다. <신설 2020. 12. 22.>[전문개정 2013. 8. 6.]

비공개 대상 정보는 다음과 같다.

제9조(비공개 대상 정보) ① 공공기관이 보유·관리하는 정보는 공개 대상이 된다. 다만, 다음 각 호의 어느 하나에 해당하는 정보는 공개하지 아니할 수 있다. <개정 2020. 12. 22.>

1. 다른 법률 또는 법률에서 위임한 명령(국회규칙·대법원규칙·헌법재판소규칙·중앙선거관리위원회규칙·대통령령 및 조례로 한정한다)에 따라 비밀이나 비공개 사항으로 규정된 정보

2. 국가안전보장·국방·통일·외교관계 등에 관한 사항으로서 공개될 경우 국가의 중대한 이익을 현저히 해칠 우려가 있다고 인정되는 정보

3. 공개될 경우 국민의 생명·신체 및 재산의 보호에 현저한 지장을 초래할 우려가 있다고 인정되는 정보

4. 진행 중인 재판에 관련된 정보와 범죄의 예방, 수사, 공소의 제기 및 유지, 형의 집행, 교정(矯正), 보안처분에 관한 사항으로서 공개될 경우 그 직무수행을 현저히 곤란하게 하거나 형사피고인의 공정한 재판을 받을 권리를 침해한다고 인정할 만한 상당한 이유가 있는 정보

5. 감사 · 감독 · 검사 · 시험 · 규제 · 입찰계약 · 기술개발 · 인사관리에 관한 사항이나 의사결정 과정 또는 내부검토 과정에 있는 사항 등으로서 공개될 경우 업무의 공정한 수행이나 연구 · 개발에 현저한 지장을 초래한다고 인정할 만한 상당한 이유가 있는 정보. 다만, 의사결정 과정 또는 내부검토 과정을 이유로 비공개할 경우에는 제13조제5항에 따라 통지를 할 때 의사결정 과정 또는 내부검토 과정의 단계 및 종료 예정일을 함께 안내하여야 하며, 의사결정 과정 및 내부검토 과정이 종료되면 제10조에 따른 청구인에게 이를 통지하여야 한다.

6. 해당 정보에 포함되어 있는 성명 · 주민등록번호 등 「개인정보 보호법」 제2조제1호에 따른 개인정보로서 공개될 경우 사생활의 비밀 또는 자유를 침해할 우려가 있다고 인정되는 정보. 다만, 다음 각 목에 열거한 사항은 제외한다.
   가. 법령에서 정하는 바에 따라 열람할 수 있는 정보
   나. 공공기관이 공표를 목적으로 작성하거나 취득한 정보로서 사생활의 비밀 또는 자유를 부당하게 침해하지 아니하는 정보
   다. 공공기관이 작성하거나 취득한 정보로서 공개하는 것이 공익이나 개인의 권리 구제를 위하여 필요하다고 인정되는 정보
   라. 직무를 수행한 공무원의 성명 · 직위
   마. 공개하는 것이 공익을 위하여 필요한 경우로서 법령에 따라 국가 또는 지방자치단체가 업무의 일부를 위탁 또는 위촉한 개인의 성명 · 직업

7. 법인 · 단체 또는 개인(이하 "법인등"이라 한다)의 경영상 · 영업

상 비밀에 관한 사항으로서 공개될 경우 법인등의 정당한 이익을 현저히 해칠 우려가 있다고 인정되는 정보. 다만, 다음 각 목에 열거한 정보는 제외한다.

    가. 사업활동에 으하여 발생하는 위해(危害)로부터 사람의 생명·신체 또는 건강을 보호하기 위하여 공개할 필요가 있는 정보

    나. 위법·부당한 사업활동으로부터 국민의 재산 또는 생활을 보호하기 위하여 공개할 필요가 있는 정보

8. 공개될 경우 부동산 투기, 매점매석 등으로 특정인에게 이익 또는 불이익을 줄 우려가 있다고 인정되는 정보

② 공공기관은 제1항 각 호의 어느 하나에 해당하는 정보가 기간의 경과 등으로 인하여 비공개의 필요성이 없어진 경우에는 그 정보를 공개 대상으로 하여야 한다.

③ 공공기관은 제1항 각 호의 범위에서 해당 공공기관의 업무 성격을 고려하여 비공개 대상 정보의 범위에 관한 세부 기준(이하 "비공개 세부 기준"이라 한다)을 수립하고 이를 정보통신망을 활용한 정보공개시스템 등을 통하여 공개하여야 한다. <개정 2020. 12. 22.>

④ 공공기관(국회·법원·헌법재판소 및 중앙선거관리위원회는 제외한다)은 제3항에 따라 수립된 비공개 세부 기준이 제1항 각 호의 비공개 요건에 부합하는지 3년마다 점검하고 필요한 경우 비공개 세부 기준을 개선하여 그 점검 및 개선 결과를 행정안전부장관에게 제출하여야 한다. <신설 2020. 12. 22.> [전문개정 2013. 8. 6.]

정보공개의 청구방법은 다음과 같다.

> 제10조(정보공개의 청구방법)
> ① 정보의 공개를 청구하는 자(이하 "청구인"이라 한다)는 해당 정보를 보유하거나 관리하고 있는 공공기관에 다음 각 호의 사항을 적은 정보공개 청구서를 제출하거나 말로써 정보의 공개를 청구할 수 있다. <개정 2020. 12. 22.>
>
> 1. 청구인의 성명·생년월일·주소 및 연락처(전화번호·전자우편주소 등을 말한다. 이하 이 조에서 같다). 다만, 청구인이 법인 또는 단체인 경우에는 그 명칭, 대표자의 성명, 사업자등록번호 또는 이에 준하는 번호, 주된 사무소의 소재지 및 연락처를 말한다.
>
> 2. 청구인의 주민등록번호(본인임을 확인하고 공개 여부를 결정할 필요가 있는 정보를 청구하는 경우로 한정한다)
>
> 3. 공개를 청구하는 정보의 내용 및 공개방법
>
> ② 제1항에 따라 청구인이 말로써 정보의 공개를 청구할 때에는 담당 공무원 또는 담당 임직원(이하 "담당공무원등"이라 한다)의 앞에서 진술하여야 하고, 담당공무원등은 정보공개 청구조서를 작성하여 이에 청구인과 함께 기명날인하거나 서명하여야 한다. <개정 2016. 5. 29.>
>
> ③ 제1항과 제2항에서 규정한 사항 외에 정보공개의 청구방법 등에 관하여 필요한 사항은 국회규칙·대법원규칙·헌법재판소규칙·중앙선거관리위원회규칙 및 대통령령으로 정한다.

정보공개 여부의 결정은 다음과 같다.

> 제11조(정보공개 여부의 결정)
> ① 공공기관은 제10조에 따라 정보공개의 청구를 받으면 그 청구를 받은 날부터 10일 이내에 공개 여부를 결정하여야 한다.
>
> ② 공공기관은 부득이한 사유로 제1항에 따른 기간 이내에 공개 여부를 결정할 수 없을 때에는 그 기간이 끝나는 날의 다음 날부터 기산(起算)하여 10일의 범위에서 공개 여부 결정기간을 연장할 수 있다. 이 경우 공공기관은 연장된 사실과 연장 사유를 청구인에게 지체 없이 문서로 통지하여야 한다.
>
> ③ 공공기관은 공개 청구된 공개 대상 정보의 전부 또는 일부가 제3자와 관련이 있다고 인정할 때에는 그 사실을 제3자에게 지체 없이 통지하여야 하며, 필요한 경우에는 그의 의견을 들을 수 있다.
>
> ④ 공공기관은 다른 공공기관이 보유·관리하는 정보의 공개 청구를 받았을 때에는 지체 없이 이를 소관 기관으로 이송하여야 하며, 이송한 후에는 지체 없이 소관 기관 및 이송 사유 등을 분명히 밝혀 청구인에게 문서로 통지하여야 한다.
>
> ⑤ 공공기관은 정보공거 청구가 다음 각 호의 어느 하나에 해당하는 경우로서 「민원 처리에 관한 법률」에 따른 민원으로 처리할 수 있는 경우에는 민원으로 처리할 수 있다. <신설 2020. 12. 22.>
>
> 1. 공개 청구된 정보가 공공기관이 보유·관리하지 아니하는 정보인 경우

> 2. 공개 청구의 내용이 진정·질의 등으로 이 법에 따른 정보공개 청구로 보기 어려운 경우 [전문개정 2013. 8. 6.]

정보의 전자적 공개는 다음과 같다.

> 제15조(정보의 전자적 공개)
> ① 공공기관은 전자적 형태로 보유·관리하는 정보에 대하여 청구인이 전자적 형태로 공개하여 줄 것을 요청하는 경우에는 그 정보의 성질상 현저히 곤란한 경우를 제외하고는 청구인의 요청에 따라야 한다.
>
> ② 공공기관은 전자적 형태로 보유·관리하지 아니하는 정보에 대하여 청구인이 전자적 형태로 공개하여 줄 것을 요청한 경우에는 정상적인 업무수행에 현저한 지장을 초래하거나 그 정보의 성질이 훼손될 우려가 없으면 그 정보를 전자적 형태로 변환하여 공개할 수 있다.
>
> ③ 정보의 전자적 형태의 공개 등에 필요한 사항은 국회규칙·대법원규칙·헌법재판소규칙·중앙선거관리위원회규칙 및 대통령령으로 정한다. [전문개정 2013. 8. 6.]

즉시 처리가 가능한 정보의 공개는 다음과 같다.

> 제16조(즉시 처리가 가능한 정보의 공개)
> 다음 각 호의 어느 하나에 해당하는 정보로서 즉시 또는 말로 처리가 가능한 정보에 대해서는 제11조에 따른 절차를 거치지 아니하고 공개하여야 한다.
>
> 1. 법령 등에 따라 공개를 목적으로 작성된 정보
> 2. 일반국민에게 알리기 위하여 작성된 각종 홍보자료
> 3. 공개하기로 결정된 정보로서 공개에 오랜 시간이 걸리지 아니하는 정보
> 4. 그 밖에 공공기관의 장이 정하는 정보 [전문개정 2013. 8. 6.]

비용 부담은 다음과 같다.

> 제17조(비용 부담)
> ① 정보의 공개 및 우송 등에 드는 비용은 실비(實費)의 범위에서 청구인이 부담한다.
>
> ② 공개를 청구하는 정보의 사용 목적이 공공복리의 유지·증진을 위하여 필요하다고 인정되는 경우에는 제1항에 따른 비용을 감면할 수 있다.
>
> ③ 제1항에 따른 비용 및 그 징수 등에 필요한 사항은 국회규칙·대법

> 원규칙 · 헌법재판소규칙 · 중앙선거관리위원회규칙 및 대통령령으로 정한다.[전문개정 2013. 8. 6.]

탐정은 업무활동시 공공기관의 정보가 필요할 경우에는 법적인 절차에 따라 정보를 수집할 수 있어야 한다.

7) 주민등록법

주민등록법의 목적은 다음과 같다.

> 제1조(목적) 이 법은 지방자치단체의 주민을 등록하게 함으로써 주민의 거주관계 등 인구의 동태(動態)를 항상 명확하게 파악하여 주민생활의 편익을 증진시키고 행정사무를 적정하게 처리하도록 하는 것을 목적으로 한다. <개정 2009. 4. 1., 2022. 1. 11.>

모바일 주민등록증은 다음과 같다.

> 제24조의2(모바일 주민등록증)
> ① 시장 · 군수 또는 구청장은 제24조제1항에 따라 주민등록증을 발급받은 사람이 주민등록증과 효력이 동일한 모바일 주민등록증(「이동통신단말장치 유통구조 개선에 관한 법률」 제2조제4호에 따른 이동통신단말장치에 암호화된 형태로 설치된 주민등록증을 말한다.

이하 같다)의 발급을 신청하는 경우에는 대통령령으로 정하는 바에 따라 이를 발급할 수 있다. 이 경우 모바일 주민등록증의 기재사항 및 표시방법에 관하여는 제24조제2항 및 제3항을 준용한다.

② 제1항에 따라 모바일 주민등록증을 발급받은 사람이 다음 각 호의 어느 하나에 해당하는 경우에는 대통령령으로 정하는 바에 따라 시장·군수 또는 구청장에게 모바일 주민등록증의 재발급을 신청할 수 있다. 다만, 제1호부터 제3호까지의 어느 하나에 해당하는 경우에는 재발급을 신청하여야 한다.

1. 제7조의3에 따라 주민등록번호가 정정되어 주민등록증을 재발급받은 경우

2. 제24조제2항에 따른 주민등록증의 기재사항 중 주소 외의 사항이 변경되어 주민등록증을 재발급받은 경우

3. 제27조제1항제2호에 따라 주민등록증을 재발급받은 경우

4. 모바일 주민등록증이 설치된 이동통신단말장치의 분실이나 훼손으로 모바일 주민등록증의 사용이 불가능한 경우

5. 그 밖에 모바일 주민등록증의 재발급이 필요하다고 인정되는 경우로서 대통령령으로 정하는 경우

③ 시장·군수 또는 구청장은 모바일 주민등록증을 발급하거나 재발급하는 경우 수수료를 징수하지 못하며, 모바일 주민등록증의 발급을 이유로 조세나 그 밖의 어떠한 명목의 공과금도 징수하여서는 아니 된다.

[본조신설 2023. 12. 26.]

주민등록증의 제시요구는 다음과 같다.

제26조(주민등록증의 제시요구)
① 사법경찰관리(司法警察官吏)가 범인을 체포하는 등 그 직무를 수행할 때에 17세 이상인 주민의 신원이나 거주 관계를 확인할 필요가 있으면 주민등록증등의 제시를 요구할 수 있다. 이 경우 사법경찰관리는 주민등록증등을 제시하지 아니하는 자로서 신원을 증명하는 증표나 그 밖의 방법에 따라 신원이나 거주 관계가 확인되지 아니하는 자에게는 범죄의 혐의가 있다고 인정되는 상당한 이유가 있을 때에 한정하여 인근 관계 관서에서 신원이나 거주 관계를 밝힐 것을 요구할 수 있다. <개정 2023. 12. 26.>

② 사법경찰관리는 제1항에 따라 신원 등을 확인할 때 친절과 예의를 지켜야 하며, 정복근무 중인 경우 외에는 미리 신원을 표시하는 증표를 지니고 이를 관계인에게 내보여야 한다.
[제목개정 2023. 12. 26.]

벌칙은 다음과 같다.

제37조(벌칙)
① 다음 각 호의 어느 하나에 해당하는 자는 3년 이하의 징역 또는 3천만원 이하의 벌금에 처한다. <개정 2009. 4. 1., 2014. 1. 21., 2016. 5. 29., 2016. 12. 2., 2022. 1. 11., 2023. 12. 26.>
   1. 제7조의2에 따른 주민등록번호 부여방법으로 거짓의 주민등록

번호를 만들어 자기 또는 다른 사람의 재물이나 재산상의 이익을 위하여 사용한 자

2. 주민등록증등을 채무이행의 확보 등의 수단으로 제공한 자 또는 그 제공을 받은 자

3. 제10조제2항 또는 제10조의2제2항을 위반하여 이중으로 신고한 사람

3의2. 주민등록 또는 주민등록증등에 관하여 거짓의 사실을 신고 또는 신청한 사람

4. 거짓의 주민등록번호를 만드는 프로그램을 다른 사람에게 전달하거나 유포한 자

4의2. 제25조제2항에 따른 주민등록확인서비스를 통하여 정보통신기기에 제공된 주민등록사항을 조작하여 사용하거나 부정하게 사용한 자

5. 제29조제2항 또는 제3항을 위반하여 거짓이나 그 밖의 부정한 방법으로 다른 사람의 주민등록표를 열람하거나 그 등본 또는 초본을 교부받은 자

6. 제30조제5항을 위반한 자

7. 제31조제2항 또는 제3항을 위반한 자

7의2. 제36조의3을 위반하여 직무상 알게 된 비밀을 누설하거나 목적 외에 이용한 사람

8. 다른 사람의 주민등록증등을 부정하게 사용한 자

8의2. 다른 사람의 주민등록증등의 이미지 파일 또는 복사본을 부

정하게 사용한 자

9. 법률에 따르지 아니하고 영리의 목적으로 다른 사람의 주민등록번호에 관한 정보를 알려주는 자

10. 다른 사람의 주민등록번호를 부정하게 사용한 자. 다만, 직계혈족·배우자·동거친족 또는 그 배우자 간에는 피해자가 명시한 의사에 반하여 공소를 제기할 수 없다.

② 제29조의2제2항을 위반하여 거짓이나 그 밖의 부정한 방법으로 전입세대확인서를 열람하거나 교부받은 자는 1년 이하의 징역 또는 1천만원 이하의 벌금에 처한다. <신설 2022. 1. 11.>

과태료의 내용은 아래 표와 같다.

제40조(과태료)
① 제7조의4제1항의 입증자료를 거짓으로 제출한 사람에게는 1천만원 이하의 과태료를 부과한다. <신설 2016. 5. 29.>

② 정당한 사유 없이 제20조제1항 또는 제20조의2제1항에 따른 사실조사를 거부 또는 기피한 자에게는 50만원 이하의 과태료를 부과한다. <개정 2016. 5. 29., 2019. 12. 3.>

③ 정당한 사유 없이 제20조제2항·제3항(제20조의2제1항 후단에 따라 준용하는 경우를 포함한다) 및 제24조제4항 후단에 따른 최

고를 받은 자 또는 공고된 자 중 기간 내에 신고 또는 신청을 하지 아니한 자에게는 10만원 이하의 과태료를 부과한다. <개정 2014. 1. 21., 2016. 5. 29., 2019. 12. 3.>

④ 정당한 사유 없이 제11조부터 제13조까지, 제16조제1항 또는 제24조제4항 전단에 따른 신고 또는 신청을 기간 내에 하지 아니한 자에게는 5만원 이하의 과태료를 부과한다. <개정 2014. 1. 21., 2016. 5. 29.>

⑤ 제1항부터 제4항까지의 과태료는 대통령령으로 정하는 바에 따라 시장·군수 또는 구청장이 부과·징수한다. <개정 2009. 4. 1., 2016. 5. 29., 2022. 1. 11.>

⑥ 삭제 <2009. 4. 1.>

⑦ 삭제 <2009. 4. 1.> [시행일: 2023. 1. 12.] 제40조제5항

탐정은 어떤 상황에서도 타인에게 주민등록증 제시를 요구하거나 신원 또는 거주 관계를 확인하는 것은 허용되지 않는다. 그러므로 탐정 업무 활동 중 주민등록법상 저촉이 되는 일이 없어야 한다.

참고문헌

강동욱 외(2021). 탐정학개론. 한국탐정학회.

경재응(2019). 독일 탐정산업의 발전및 운용에 관한 법적 근거 및 규제 방안. 한국경찰학회보 21권 6호.

권창기 외(2011). 탐정학. 진영사.

김윤덕(2001). 국가정보학. 박영사.

김종식(2020). 탐정실무총람. 한국민간조사학술연구소.

김형중(2021). 탐정활동의 이론과 실무. 박영사.

박성수 외(2020). 탐정학개론. 윤성사.

신영호(2012). 범죄심리학. 한국학술정보.

양영종 외(2020). 탐정(민간정보조사)개론. 재웅플러스.

이수정(2018). 최신범죄심리학. 학지사.

임준태 외(2020). 탐정학. 그린.

Mark M. Lowenthal(2000). *Intelligence: From Secrets to Policy*. pp 5-7.

Steven Kerry Brown(2002). *The Complete Idiot's Guide to Private Investigating*. Alpha / Penguin.

日本調査業協会(2020). 探偵業務マニュアル(最新版). Official manual and guideline for private invest gators in Japan.

https://nittyokyo.or.jp

探偵業支援センター(2019). 探偵業開業読本: 独立·起業のための実務と法務. ぱる出版 (Paru Shuppan).

Axel Petermann(2010). *Der Profiler: Ein Spezialist für ungeklärte Morde berichtet*. Rowohlt.

탐정학 이론과 실제

초판 1쇄 인쇄   2025년 11월 14일
초판 1쇄 발행   2025년 11월 17일

지은이   임병수 · 김도연
출판사   도서출판 케이앤북스

출판등록   제 2023-000011 호(2023년 02월 08일)
주소   경기도 화성시 동탄대로 646-2 메가비즈타워 A동 209호
더표전화 1800- 2179   **팩스** 0504-027-3835

ISBN   979-11-993971-1-8(13320)
ⓒ 임병수 · 김도연 2025

본 책 내용의 전부 또는 일부를 재사용하려면 반드시 저작권자의 동의를 받으셔야 합니다.